郭宏文 刘悦欣 著

邢万军 主编

杜甫

他若笔落，便惊风雨

北方文艺出版社

图书在版编目（CIP）数据

杜甫：他若笔落，便惊风雨 / 郭宏文，刘悦欣著
. -- 哈尔滨：北方文艺出版社，2019.3
（走近诗词品人生 / 邢万军主编）
ISBN 978-7-5317-4382-8

Ⅰ.①杜… Ⅱ.①郭… ②刘… Ⅲ.①杜甫（712-
770）- 人物研究②杜诗 - 诗歌研究 Ⅳ.①K825.6
②I207.22

中国版本图书馆 CIP 数据核字（2018）第 256065 号

杜甫：他若笔落，便惊风雨
Dufu Taruo Biluo Bianjing Fengyu

作　者 / 郭宏文　刘悦欣　　　　　　　　主　编 / 邢万军
责任编辑 / 路　嵩　张贺然　　　　　　　封面设计 / 琥珀视觉

出版发行 / 北方文艺出版社　　　　　　　邮　编 / 150080
发行电话 /（0451）85951921 85951915　　经　销 / 新华书店
地　址 / 哈尔滨市南岗区林兴街 3 号　　　网　址 / www.bfwy.com

印　刷 / 三河市嵩川印刷有限公司　　　　开　本 / 710mm×1000mm　1/16
字　数 / 200 千　　　　　　　　　　　　印　张 / 16
版　次 / 2019 年 3 月第 1 版　　　　　　印　次 / 2020 年 8 月第 3 次印刷

书　号 / ISBN 978-7-5317-4382-8　　　　定　价 / 36.00 元

序

唐诗，是中华传统文化的瑰宝，是中国古代文学的一座丰碑，也是世界文学宝库中的一颗灿烂的明珠。唐诗、宋词、元曲、明清小说，一脉相承的中华文学大系，如银河一般浩瀚。尽管唐诗的辉煌时代已经过去一千多年了，但许多诗篇依旧广为流传，让后人由衷地发出了"熟读唐诗三百首，不会作诗也会吟"的感慨。

唐代的诗人完全称得上群英荟萃，星光熠熠。但是，从优中选优的角度来审视，出类拔萃的，还属李白、杜甫和白居易。李白被称为"诗仙"，杜甫被称为"诗圣"，而白居易则被称为"诗魔"。他们的诗歌，分别代表了我国古典诗歌发展全盛时期的不同风格。李白的诗豪放飘逸，杜甫的诗沉郁顿挫，而白居易的诗则浅切平易。他们是中国公认的文学大师，也是世界公认的文学大师。

被世人尊为"诗圣"的杜甫，字子美，号少陵野老，世称杜少陵、杜工部，堪称中国古典诗词的集大成者。在大唐时期，他所创作的诗歌，已经达到了现实主义诗歌的艺术顶峰，与李白并称"李杜"，在群星璀璨中更显奇异光彩。

杜甫是一位热爱祖国、热爱人民的伟大诗人，他的一生中，写出了许多反映与批判社会现实的不朽诗篇。他善陈时事，笔墨里饱含着忧国忧民的真情实感。他处于乱世，思想上秉承着"致君尧舜上"的远大夙愿。他的诗词，字里行间都展现着浑厚精深、风骨高远的思想境界。

杜甫出身于一个官宦世家，更是文化世家。远祖杜预是西晋赫赫有名的大将，曾在平定东吴的战役中立下过赫赫战功。杜预对《春秋左氏传》深有研究，是注释《春秋左氏传》的学者之一。杜甫的祖父杜审言官职为膳部员外郎，也是与沈佺期、宋之问齐名的唐朝诗人。杜甫的父亲杜闲曾在山东任兖州司马之职，后来又任陕西乾县县令一职。杜甫成长于以尊崇"奉儒守官，未坠素业"的家世背景下，深得祖辈与父辈的文化熏陶，因此，他的文学因子，是与生俱来的，也是根深蒂固的。

杜甫刚刚两岁多一点就失去了母亲。在他最需要母爱的时候，他的二姑收养了他，直到他长大成人。为此，他一生都不忘感恩，用发奋苦读的实际行动来回报二姑。当他的二姑因病去世的时候，他像亲儿子一样跪孝在二姑的灵柩前。他念恩感恩，为二姑写了一个洋洋千言的墓志铭，文笔凝重，朴实感人。

古人云：一岁看大，三岁看老。杜甫三岁的时候，就能在大人们的面前，吟诵大量的诗篇，到七岁的时候，开始跟大人们一起咏作诗文。据《壮游》一诗记载，他创作的第一首诗，应该是《咏凤凰》。《壮游》诗曰："七龄思即壮，开口咏凤凰。九龄书大字，有作成一囊。"凤凰是民间传说中的灵鸟之王，象征着祥瑞、吉祥。杜甫在幼童时期就创作了《咏凤凰》，既展示了他的睿智才气，也体现了他的远大抱负。

开元十四年（726年），正值大唐的繁盛时期。当时，杜甫所居住的东都洛阳是文人墨客的聚集地，许多王公大臣的宅邸都坐落在那里。十四岁的杜甫虽然还是一个少年郎，却已经与居住在洛阳的崔尚、魏启心等一批知名文人进行广泛接触，互相吟诗对唱。崔尚、魏启心二人分别做过郑州刺史和豫州刺史，是层次比较高的文化名流。交往之中，他们二人都对杜甫的诗文大加赞赏，说他有汉代著名文学家扬雄和班固的文采及风范。杜甫还常到岐王李范的府邸去做客，相互谈诗说文。李范本名李隆范，是唐睿宗的第四子。李范喜欢文学，喜欢写文章，喜欢与文人交往。杜甫觉得，在与李范的交往之中，极大地丰富了自己的阅历，正如他在诗中所云："饮酣视八极，俗物多茫茫。"

开元十九年，随着国势更加强盛、经济更加繁荣，全国开始盛行漫游风，漫游生活成为所有文人雅士不可缺少的组成部分。于是，杜甫做出了"仗剑去国，辞亲远游"的决定。他第一次出行，就是南游吴越一带。他踏遍吴越境内的秀美河山，游览世间的美妙景观，赏尽异乡的山山水水，视野在不断地开阔，阅历在不断地丰富。他用诗文的形式把所见所闻记录下来，有力地展示了大丈夫志在四方的精神气概。

开元二十三年时，杜甫第一次参加进士考试。但是，"读书破万卷，下笔如有神"励志之言，并未为他求得任何的功名。参加科举考试来考取功名，是所有人追求的梦想，也同样是杜甫的梦想。这次考试，杜甫带着些许的遗憾落第了。这次落第，他遭受了人生的第一次不顺，也为他坎坷的人生悄然埋下了一个悲催的伏笔。

到了开元二十五年，杜甫从落第的郁闷中振作起来。他与苏源明等人一起，来到了齐赵平原，开始了人生的第二次漫游。这时，他的父亲杜闲正在兖州做司马，家境的改善，经济的宽裕，为他提供了漫游齐赵的保障，进而度过了他人生中"放荡"轻狂和"裘马"游历的惬意生活。他与苏源明一起，或到青丘玩射猎，或到泰山观日出。所到之处，触景生情，都成为杜甫的创作源泉。这一时期，《登兖州城楼》和《望岳》等诗歌成为他的代表作品。他在《望岳》中写道："岱宗夫如何？齐鲁青未了。造化钟神秀，阴阳割昏晓。荡胸生层云，决眦入归鸟。会当凌绝顶，一览众山小。"诗人攀登峰岩，俯视众山，以诗抒怀，意境开阔，雄心和气魄洋溢于字里行间，这使《望岳》成为前无古人、后无来者的诗中佳篇。

天宝三年（744 年），杜甫在东都洛阳偶遇诗人李白。他们同游梁宋（今商丘一带），以诗会友，共同展示了热爱自然本真、傲视世间群雄的文人气质。二人的同行漫游也因此成为佳话，并被后人广为流传。天宝五年（746 年），杜甫为了寻找仕途之路，再次来到长安，期望求得仕进，大展宏图。天宝六年（747 年），玄宗下诏书，征选有识之士。看到皇帝诏书，杜甫兴奋不已，觉得展示才能的机会来了。于是，他满怀期望地参加了选拔。然而，在诗、赋、论、策样样不少的科举考试中，以文心诗情见长的杜甫再次折戟。此时，朝中"口如蜜，腹如剑"的腐败现状，让他意识到了封建社会仕途前景的暗淡。天宝七年（748 年），非常赞赏杜甫诗才的韦济升迁为尚书左丞，这让杜甫看到了求官求职的希望，他的《奉赠韦左丞丈二十二韵》就是在长安竭力攀附权贵的现实写照，可美好的希望最终未能实现。天宝十年（751 年），杜甫以《三大礼赋》进献玄宗，诗文虽然得到玄宗的赏识，并命宰相诏试文章，却始终没有结果。直到天宝十四年（755 年），杜甫才被任命为河西县的县尉，未到任时又被改任为右卫率府胄曹参军之职，管理东宫宿。这时，他已经四十四岁。杜甫困守长安长达十年，可谓失意沉沦，穷困落魄，他的苦难境遇，使他更能体会广大百姓的水深火热，忧国忧民的品格也得到了很好的磨砺。

安史之乱爆发后，杜甫也同样开始了人生的流亡经历。在安史之乱最为糟糕的时期，他毅然北上，去投奔肃宗李亨，但半路被俘，被押回京城。后来，他冒死从长安逃出，北上凤翔，找到肃宗，从而受任左拾遗。这是一个从八品的职务，也是他一生中的最高职位。758 年，杜甫被贬为华州司功参军，就此永别长安。759 年，因关辅大饥，杜甫对政治彻底失去希望，立秋后便辞去官职，经秦州、同谷，于年底到达成都。这些经历，对他的诗歌创作产生了深远的影响，他更加关心国家大事与百姓安危。其间，他创作了《兵车行》《丽人行》《前出塞》《后出塞》《自京赴奉先县咏怀五百字》等许多的不朽名篇。

肃宗上元元年（760年）至代宗大历五年（770年）这十一年内，杜甫历经沧桑，漂泊西南，品味蜀道之难。760年春，他在成都浣花溪畔建草堂并居住。草堂惬意安适的生活，让他深感欣慰。765年，杜甫举家离开成都，在云安做暂短滞留后，于次年暮春迁往夔州。768年再出三峡，过江陵，当年抵达岳阳。他人生最后二年，漂泊于岳阳、长沙、衡阳、耒阳之间，而且大多在船上度过。770年冬，杜甫死于长沙到岳阳的船上，享年59岁。这十一年间，杜甫在夔州作诗430多首，多以绝句和律诗示人，也有长篇排律，其代表作有《茅屋为秋风所破歌》《闻官军收河南河北》《秋兴八首》《登高》《又呈吴郎》等。

杜甫的诗歌涉及广泛，字字句句都倾注诗人的浓郁情感。尤其在成都草堂创作的一部分诗歌中，尽显草堂生活的点点滴滴，形成了独特的创作风格。他在《屏迹》《为农》《田舍》《徐步》《水槛遣心》《后游》《春夜喜雨》等诗歌中，极力展现花草树木的静美，对鸟兽鱼虫也同样体现出万般的喜爱之情。

杜甫的诗词创作，题材广泛，博采众长，别具一格。其五言古诗以纪行融合抒怀，诗意深远，无以比拟。七言古诗感情奔放，沉郁顿挫，其中《秋日夔府咏怀寄郑监李宾客一百韵》长达1000字，大气磅礴。无论在内容上，还是在形式上，杜甫都带来了诗歌领域的创新与发展，达到了"百年歌自苦，未见有知音"的境界，文天祥甚至把杜甫的诗作为民族气节的强大精神力量来捍卫。

杜甫一生，从未间断过诗词的创作。他的诗词现存1400多首，以写实的笔调，记载了唐代从极盛到衰退的全过程，也生动地记载了安史之乱前后 20 多年的社会动态及他本人的生活经历。他总是把现实社会的大背景与个人生活的小轨迹完整地融合在一起，浑然天成，不见痕迹。他以诗歌写尘世、以诗歌写历史，内涵丰富，艺术精湛，代表了唐代诗歌中的最高成就，被后人尊称为"诗圣"，成为中国古典诗歌的集大成者。

目 录

第一章　乾坤诗儒为诗而生

出身名门，奉儒守官引为傲　　003

姑母恩泽，抚育之情常释怀　　008

早慧异才，宛如文曲下人间　　013

翰墨飞扬，洛阳古城展才华　　017

倾注真情，三朝之事墨浸透　　022

忧国忧民，喜怒哀乐俱成诗　　027

第二章　壮年游历裘马轻狂

漫游吴越，名胜古迹任逍遥　　035

洛阳不第，功名蹭蹬仕途路　　040

浪漫齐赵，辞亲远游志四方　　044

筑居首阳，而立之年娶娇妻　　048

访道寻友，李白高适共聚首　　055

兖州辞别，笔落诗成惊风雨　　059

第三章：困居长安命运多舛

谋求官职，奸相操纵再落选　　065

进献礼赋，玄宗诏征空欢喜　　070

陷入窘境，京华冷炙潜悲辛　　074

投送简历，八品闲职得慰藉　　079

奉先省亲，忧愁漫过终南山　　083

悲愤抗议，穷兵黩武害征夫　　087

第四章：陷于战乱身不由己

耳闻目睹，三军苦乐赋出塞　　095

携家逃难，羌村暂住避战乱　　100

北上灵武，遭遇叛军押截获　　104

京兆望月，忧叹愁思抒离情　　108

逃出长安，天子授任左拾遗　　113

危急上谏，营救房琯贬华州　　117

第五章：为官梦断世态炎凉

谏言被贬，好友送马返家园　　　123

愤恨胡虏，喜闻官军收两京　　　129

感伤国事，长安败象思绪愁　　　133

悲叹世道，三吏三别呼疾苦　　　138

遭受干旱，无奈弃官赴秦州　　　143

盛赞京师，捷书日至收故土　　　147

第六章：蜀中安身草堂逸事

弃官西迁，挈妇将雏走秦州　　　153

定居成都，浣花溪畔筑草堂　　　160

搭建水亭，春雨寄情喜亦忧　　　164

陶醉草堂，诗如泉涌意更浓　　　169

草堂艰辛，屋漏遭逢夜雨连　　　175

意在言外，赠诗讽劝不逆耳　　　180

第七章：壮志难酬心生悲悯

颠沛流离，梓州阆州写诗篇　　187

返回成都，节度府里当参谋　　192

收复陷城，欣闻捷报喜若狂　　197

蜀相祠庙，胸臆直泄悲凉情　　201

再离成都，居无定所寄乡情　　205

内心悲凉，沉痛悼念八故友　　210

第八章：命运之舟飘落湘江

劝说吴郎，孤妇打枣莫拦阻　　217

寓居夔州，翘首北望记长安　　222

登高远眺，时世悲愁多感怅　　227

观叹剑舞，抚今追昔忆往事　　231

老病孤舟，依然牵挂国家事　　235

伏枕书怀，飘零湘江一叶舟　　239

第一章

乾坤诗儒为诗而生

出身名门，奉儒守官引为傲

唐睿宗太极元年（712年）正月初一，河南巩县（今河南省巩义市）瑶湾村虽然有些干冷，但天气晴好。在唐朝著名诗人杜审言的小儿子杜闲的家里，不时地有人在出出入入地忙碌着，好像有什么大事情就要发生。

果然不出所料，一阵清脆而浑厚的哭声，即刻打破了村落的宁静。接着，一个男孩呱呱坠地的消息从郾城尉杜闲家传了出来。这个孩子，就是杜闲之妻、出身于清河名门望族的崔氏生下的。这个孩子，就是杜甫，字子美。

让人意想不到的是，杜甫的出生，竟给当朝太子李隆基带来了好运。杜甫出生刚刚四个多月，唐睿宗李旦就改年号为"延和"，又过了三个月，也就是延和元年八月，唐睿宗做出决定，把皇位传给当时的太子李隆基，自己退为太上皇，去安度晚年。李隆基即位后，改年号为"先天"，是为玄宗。不久，李隆基的姑姑太平公主密谋发动宫廷政变，目的是废玄宗取而代之，像母亲武则天那样做女皇。李隆基得知消息后，与郭元振、王毛仲、高力士等几位重臣精心谋划应对策略，于先天二年、即713年主动出击，发兵擒获了太平公主，并赐死于家中。太平公主死后，唐玄宗的政权宣告稳定。从此，唐代进入了开元至天宝长达40余年政局比较稳定的鼎盛阶段，也称"开元盛世"。

其实，这只是一个巧合，没有什么因果关系。但国泰民安，能生在一个盛世，也自然是杜甫的福分。

唐朝时期，人们推崇儒家思想，非常看重家世门第。正像杜甫后来在《进雕赋表》中所写的那样：

> 自先君恕、预以降，奉儒守官，未坠素业矣。亡祖故尚书膳部员外郎先臣审言，修文于中宗之朝，高视于藏书之府，故天下学士到于今而师之。

杜甫出身于一个有着遵从儒家思想、恪守官职，且有着儒学和文学传统的官宦世家，他耳濡目染，为他日后成为文学大师打下了一个坚实的基础。

追溯杜家的家谱，可以看到在杜甫的祖辈之中，其远祖杜预是西晋名将。作为杜预的第十三代世孙，杜甫时常引以为豪。他总是把远祖杜预作为自己的学习楷模，并把杜预的英雄典故写入诗歌之中，颂其功德，赞其业绩，加以膜拜。杜预是京兆杜陵（今陕西省西安市东南）人，杜甫后来也曾住在杜陵，因此他常称自己为"杜陵野老"、"杜陵野客"、"杜陵布衣"。

杜预是晋文帝时期的尚书郎，并承继祖父丰乐亭侯的爵位。杜预娶文帝的妹妹高陆公主为夫人，是一位地位显赫的驸马爷。杜预任职尚书郎四年后，转任参相府军事。晋文帝派镇西将军钟会伐蜀时，曾任命杜预为镇西长史。

杜甫极其崇拜远祖杜预的文韬武略，更是饱读他的著述。杜预一生，编撰了许多著作。其中，《春秋左氏经传集解》三十卷，就是流传最早的《左传》注解著作之一，被收录在《十三经注疏》之中。另据《隋书·经籍志》

记载，杜预的书籍，一直保留到唐代的，还有《春秋左氏传音》三卷，《春秋左氏传评》二卷，《春秋释例》十五卷，《律本》二十卷，《杂律》七卷，《丧服要集》二卷，《女记》十卷以及其他文集十八卷等。身为文化底蕴深厚世家的子孙后代，是杜甫的福气。

在杜甫的祖辈之中，暂且不论官职的大与小，单从世代为官来看，就是一件很了不起的事情。杜甫的祖辈们为官，都恪守一种奉儒守官的思想。十世祖杜逊，官至魏兴（今湖北省和陕西省交界）太守，他将家从京兆（今陕西省西安市附近）迁至襄阳，因此，杜甫又有祖籍襄阳之说。杜甫的曾祖杜依艺，做过河南巩县的县令，他把家又随之迁到巩县，并在巩县定居。祖辈们的为官一任、造福一方的行为，对杜甫一生有着很大的影响。

杜甫最为崇拜的偶像，是他的祖父杜审言。对此，杜甫常常感到无上的自豪。在《赠蜀僧闾丘师兄》中，那句"吾祖诗冠古"就是他对祖父诗歌成就的高度称赞。在儿子生日时，杜甫曾写下了一首《宗武生日》，就以"诗是吾家事"来勉励儿子要勤奋学习，发扬杜氏家风。

杜审言是初唐时的著名诗人。唐高宗咸亨元年（670年），杜审言与状元宋守节为同榜进士。杜审言先做了一些小官，慢慢地积累起功绩，最后成了修文馆直学士，成为皇帝的御用文人。当时，杜审言与李峤、崔融、苏味道被称为"文章四友"。他的诗词，清新流畅，自然纯朴，兼备笔力遒劲的诗风，是唐代"近体诗"的奠基人之一，在初唐的诗坛上有很大的影响力。

杜审言的诗词擅于描写景物，善工五律，文风浑厚悠长。他的五律《和晋陵陆丞早春游望》，被明朝的胡应麟赞许为"初唐五律第一"。

独有宦游人，偏惊物候新。云霞出海曙，梅柳渡江春。
淑气催黄鸟，晴光转绿蘋。忽闻歌古调，归思欲沾巾。

当时，杜审言因到江阴县任职而宦游他乡，即兴写了一首和诗。诗一开头就发出感慨，说明离乡宦游，对异土之"物候"才有"惊新"之意；中间二联具体写"惊新"，写江南新春景色，诗人怀念中原故土的情意；尾联点明思归和道出自己伤春的本意。全诗采用拟人手法，写江南早春，历历如画，对仗工整，结构细密，字字锤炼。

杜审言的五言排律《和李大夫嗣真奉使存抚河东》，全文长达四十韵，为初唐近体诗中第一长篇。

六位乾坤动，三微历数迁。讴歌移火德，图谶在金天。

子月开阶统，房星受命年。祯符龙马出，宝篆凤凰传。

地即交风雨，都仍卜涧瀍。明堂唯御极，清庙乃尊先。

不宰神功运，无为大象悬。八荒平物土，四海接人烟。

已属群生泰，犹言至道偏。玺书傍问俗，旌节近推贤。

秩比司空位，官临御史员。雄词执刀笔，直谏罢楼船。

国有大臣器，朝加小会筵。将行备礼乐，送别仰神仙。

城阙周京转，关河陕服连。稍观汾水曲，俄指绛台前。

姑射聊长望，平阳遂宛然。舜耕馀草木，禹凿旧山川。

昔出诸侯上，无何霸业全。中军归战敌，外府绝兵权。

隐隐帝乡远，瞻瞻肃命虔。西河偃风俗，东壁挂星躔。

井邑枌榆社，陵园松柏田。荣光晴掩代，佳气晓侵燕。

雨霈鸿私涤，风行睿旨宣。茕嫠访疾苦，屠钓采贞坚。

人乐逢刑措，时康洽赏延。赐逾秦氏级，恩倍汉家钱。

拥传咸翘首，称觞竞比肩。拜迎弥道路，舞咏溢郊廛。

杀气西衡白，穷阴北暝玄。飞霜遥渡海，残月迥临边。

缅邈朝廷问，周流朔塞旋。兴来探马策，俊发抱龙泉。

学总八千卷，文倾三百篇。澄清得使者，作颂有人焉。

莫以崇班阕，而云胜托捐。伟材何磊落，陋质几翩翩。

江海宁为让，巴渝转自牵。一闻歌圣道，助曲荷陶甄。

后来，杜审言被称为中国五言律诗的奠基人，对近体诗的形成与发展起到了很大的推进作用。

杜甫祖辈们的诗词，对他的诗歌创作都产生了直接的影响，正如杜甫感言的那样："吾祖辈的诗词至尊也。"

姑母恩泽，抚育之情常释怀

杜甫出生后，唐朝在玄宗李隆基的治理下，开始进入复兴时期，使大唐王朝在取得开国之初"贞观之治"的繁荣昌盛后，再一次拉开了"开元之治"的复兴序幕。

"贞观之治"指的是唐太宗李世民在位期间的清明政治。唐太宗是唐高祖李渊的次子，大唐王朝的第二位皇帝，中国历史上的一代英主。他于627年即位时，刚好是而立之年。他在位二十三个年头，所取得的政绩一直为后世所传颂。"贞观之治"使唐朝的国威远播四方，唐太宗因此被西北诸国尊为"天可汗"，成为当时东方世界的国际盟主。

而"开元之治"是唐玄宗统治时期所出现的盛世，又称"开元盛世"。玄宗李隆基于712年即位后，起用贤臣，虚怀纳谏，政治清明，制定官吏的迁调制度，改革吏制，并大力发展经济，提倡文教，发展外交，使得天下大治，政局稳定，经济繁荣，文化昌盛，国力富强，唐朝因此进入全盛时期，文治武功都达到了中国封建王朝的鼎盛状态，成为当时世界上最强盛的国家。

杜甫的父亲杜闲是一个读书人，是唐修文馆直学士、著名诗人杜审言最小的儿子。杜闲于睿宗景云元年（710年）与原配崔氏结婚，开元十一年（723年）与继室卢氏再婚。杜闲共有五子一女。长子杜甫为崔氏所生，次子杜颖、三子杜观、四子杜丰、幼子杜占以及长女均为卢氏所生。

由于杜审言的家教非常严厉，男孩子不考取功名不得结婚生子，杜闲一直到 29 岁时才迎娶崔氏为妻。杜甫出生的时候，父亲杜闲已经过了而立之年。因此，他对杜甫倍加喜爱，视为掌上明珠，整天"之、乎、者、也"地逗儿子。他的妻子崔氏出身于官宦名门之家，是个识文断字的女子，而且人也长得漂亮，比杜闲小了整整 10 岁。杜甫长大成人后，经常与自己的舅舅及表弟们往来。舅舅崔伟曾在郴州担任录事参军，有一首《奉送二十三舅录事之摄郴州》的五言律诗就是杜甫写给舅舅崔伟的：

贤良归盛族，吾舅尽知名。徐庶高交友，刘牢出外甥。

泥涂岂珠玉，环堵但柴荆。衰老悲人世，驱驰厌甲兵。

气春江上别，泪血渭阳情。舟鹢排风影，林乌反哺声。

永嘉多北至，句漏且南征。必见公侯复，终闻盗贼平。

郴州颇凉冷，橘井尚凄清。从役何蛮貊，居官志在行。

杜甫在诗中赞誉自己的舅舅出身豪门大族，而且具有贤良的才能。杜甫的另一位舅舅崔顼曾在白水县做县令，他的一首五言律诗《白水县崔少府十九翁高斋三十韵》就是写给崔顼这位舅舅的：

客从南县来，浩荡无与适。旅食白日长，况当朱炎赫。

高斋坐林杪，信宿游衍阕。清晨陪跻攀，傲睨俯峭壁。

崇冈相枕带，旷野怀咫尺。始知贤主人，赠此遣愁寂。

危阶根青冥，曾冰生淅沥。上有无心云，下有欲落石。

泉声闻复急，动静随所击。鸟呼藏其身，有似惧弹射。

吏隐道性情，兹焉其窟宅。白水见舅氏，诸翁乃仙伯。

杖藜长松阴，作尉穷谷僻。为我炊雕胡，逍遥展良觌。

坐久风颇愁，晚来山更碧。相对十丈蛟，欻翻盘涡坼。

何得空里雷，殷殷寻地脉。烟氛蔼崚嶒，魍魉森惨戚。

昆仑崆峒颠，回首如不隔。前轩颓反照，巉绝华岳赤。

兵气涨林峦，川光杂锋镝。知是相公军，铁马云雾积。

玉箸淡无味，胡羯岂强敌。长歌激屋梁，泪下流衽席。

人生半哀乐，天地有顺逆。慨彼万国夫，休明备征狄。

猛将纷填委，庙谋蓄长策。东郊何时开，带甲且来释。

欲告清宴罢，难拒幽明迫。三叹酒食旁，何由似平昔。

可见，杜甫对舅舅崔顼也是非常尊崇的，见舅舅如同见念生母崔氏，时常心生隐痛，由此更加想念自己的母亲。

杜闲与崔氏夫妻恩爱，举案齐眉，相敬如宾，把杜甫视为掌上明珠。在父母身边，杜甫幸福地享受着父爱和母爱的呵护。

但天有不测风云。在杜甫两岁多的时候，他母亲崔氏突患绝症去世。从此，杜甫成了一个没妈的孩子。

杜闲是一个非常负责任的父亲。妻子过世后，他一直把爱心倾注在自己儿子的身上，直到杜甫9岁时，他才与继室卢氏再婚。

杜甫跟随父亲生活了不长时间，家在洛阳的二姑就把他接了过去。也就是从迈进二姑的家门开始，杜甫成了姑姑家中的一员，姑姑俨然成为了他的母亲。姑姑像对待自己亲生孩子一样对待杜甫，也无疑是杜审言重视家教的结果。

寄居在二姑家还没过半年，杜甫竟然就与二姑的儿子一起染上了可能是鼠疫的病。二姑的儿子仅比他大一岁，是他的表哥。二姑在照顾两个生病的孩子时，把主要精力放在了杜甫身上。结果，在尽心照料杜甫的过程中，忽视了照顾自己的儿子。当杜甫的病情渐渐好转时，二姑自己亲生的儿子却丢了性命。杜甫长大后，一旦与人谈起死去的表哥，就会禁不住地流出眼泪。

洛阳，是当时非常繁华的大都市。这里曾经是武周王朝的首都，其繁华程度仅次于长安城。在高度开放的盛唐时期，洛阳街上随处都可以见到外国人。外国人的思维方式和生活方式都与当地居民有着明显的区别。这些，都让年幼的杜甫感到非常的新奇。

在杜甫五六岁的时候，他的二姑就带着他上街，看公孙大娘表演剑器浑脱舞。公孙大娘是洛阳城享有盛名的宫廷舞蹈家，有着鲜卑民族的血统，显得年轻、漂亮而又富有野性。公孙大娘的剑器浑脱舞一下子打动了杜甫，让他终身难忘，以至于他在五十年后还写出了"观者如山色沮丧，天地为之久低昂"的诗句来。

二姑不仅照料杜甫的生活，还给了他良好的教育。他的二姑深受父亲杜审言的影响和教育，是一个满腹诗文的女人。在二姑的身边，杜甫七岁写诗，九岁练字，杜氏家族"诗书传家"的传统，都被二姑原封不动地传授给了杜甫。

俗话说：滴水之恩，当涌泉相报。二姑的无私之爱，让杜甫一生为之感激。时漾涟漪，如一弯溪水，只能以甘甜的清泉相报。天宝元年、即742 年，当杜甫的姑姑京兆杜氏去世的时候，杜甫悲痛万分，不能自己。他就像二姑的亲生儿子一样，跪孝在姑姑的灵柩前。悲痛之余，他拿起笔来，为姑姑写了洋洋千言、朴实感人的墓志铭：《唐故万年县君京兆杜氏墓志》。他在墓志铭中写道：

> 甫以世之录行迹、示将来者多矣，大抵家人贿赂，词客阿谀，真为百端，波澜一揆。人载笔光芒于金石，作程通达于神明，立德不孤，扬名归实，可以发皇内则，标格女史，窃见于万年县君得之矣。其先

系统于伊祁，分姓于唐杜，吾祖也，我知之。远自周室，迄于圣代，传之以仁义礼智信，列之以公侯伯子男。

……

呜呼！县君有语曰："可以褐衣敛我，起塔而葬。"裴公自以从大夫之后，成县君之荣，爱礼实深，遗意盖阙。但褐衣在敛，而幽隧爰封，其所庬饰，咸遵俭素。眷兹邑号，未降天书，各有司存，成之不日。呜呼哀哉！有兄子曰："甫，制服于斯，纪德于斯，刻石于斯。或曰："岂孝童之犹子欤？奚孝义之勤若此？"甫泣而对曰："非敢当是也，亦为报也。"甫昔卧病于我诸姑，姑之子又病间，女巫至，曰："处楹之东南隅者吉。姑遂易子之地以安我，我是用存，而姑之子卒，后乃知之于走使。甫常有说于人，客将出涕感者久之，相与定谥曰义。君子以为鲁义姑者，遇暴客于郊，抱其所携，弃其所抱，以割私爱，县君有焉。是以举兹一隅，昭彼百行，铭而不韵，盖情至无文。其词曰：呜呼，有唐义姑京兆杜氏之墓。

杜甫在墓志铭中，清楚地记载着他曾经和二姑的孩子一起患病、自己活下来而姑姑的儿子却夭折这件事。他边写边哭泣着说：忆昔以往，甫幼重病近乎濒死，幸得二姑一汤一水悉心照料，得以存活。而如今，姑母溘然长逝，阴阳两地，天各一方，生死两茫茫。至亲至敬的抚育恩情，一言一笔一墨，都难以尽书胸怀。

早慧异才，宛如文曲下人间

杜甫七岁的时候，就显示出了超乎寻常的文学禀赋。他在大人们面前，不可思议地写了一首《咏凤凰》，让在场的人无不惊叹不已：

> 凤凰出东方，翱翔于四溟。
>
> 凤鸣如箫声，凤舞天下平。

唐朝时期，是中国古代吟诗作词最为盛行的时期，一些文人语落词出，大多是咏物咏景，说奇不奇，闻者不惊。但是，杜甫诗咏的是传说中的凤凰，可见他的超凡脱俗、词意大气、志向高远。

在唐朝的民间，还曾流传着这样一个传说，说杜甫是文曲星下凡来到了人间。唐冯贽所编撰的《云仙杂记》中收录的《文曲星吏》一文，就是专门写杜甫的：

> 杜子美十余岁，梦人令采文于康水，觉而问人，此水在二十里外。乃往求之，见鹅冠童子告曰："汝本文星典吏。天使汝下谪，为唐世文章海，九云诰已降，可于豆垅下取。"甫依其言，果得一石，金字曰：

"诗王本在陈芳国,九夜扪之麟篆熟。声振扶桑享天福。"后因佩入葱市,归而飞火满室。有声曰:"邂逅吾秒,令汝文而不贵。"

后来,杜甫在七律《百忧集行》之中,记录了自己青春年少时无忧无虑:

忆年十五心尚孩,健如黄犊走复来。

庭前八月梨枣熟,一日上树能千回。

即今倏忽已五十,坐卧只多少行立。

强将笑语供主人,悲见生涯百忧集。

入门依旧四壁空,老妻睹我颜色同。

痴儿不知父子礼,叫怒索饭啼门东。

这首诗的意思是:年少之时,无忧无虑,体魄健全,精力充沛,真是朝气蓬勃。庭前,八月梨枣熟,一日上树能千回。即当梨枣成熟之时,少年杜甫频频上树摘取,一日千回。由于年老力衰,行动不便,因此坐卧多而行立少。一生不甘俯首低眉,老来却勉作笑语,迎奉主人。不禁悲从中来,忧伤满怀。一进家门,依旧四壁空空,家无余粮,一贫如洗。老夫老妻,相对无言,满面愁倦之色。只有痴儿幼稚无知,饥肠辘辘,对着东边的厨门,啼叫发怒要饭吃。

幼年时期,杜甫读到的第一部诗歌总集是《诗经》。《诗经》又称《诗三百》,是中国古代文人从小必读的书目之一。它收入了自西周初年到春秋中叶五百多年间的诗歌共计305篇。别看杜甫年岁小,可他背诵起《诗经》来,却总是表情丰富,有模有样。对于《诗经》中的诗,杜甫不仅过目成诵,而且还能恰到好处地解读诗歌的含义。

少年杜甫更喜爱《楚辞》。楚词是战国时代的伟大诗人屈原创造的一种诗体，以方言声韵的形式，来叙写楚地的山川人物、历史风情，是我国第一部浪漫主义的诗歌总集。他喜欢屈原的《离骚》：

> 帝高阳之苗裔兮，朕皇考曰伯庸。摄提贞于孟陬兮，惟庚寅吾以降。皇览揆余初度兮，肇锡余以嘉名。名余曰正则兮，字余曰灵均。纷吾既有此内美兮，又重之以修能。扈江离与辟芷兮，纫秋兰以为佩。汩余若将不及兮，恐年岁之不吾与。朝搴阰之木兰兮，夕揽洲之宿莽。日月忽其不淹兮，春与秋其代序……

宋代著名史学家、词人宋祁说："《离骚》为词赋之祖，后人为之，如至方不能加矩，至圆不能过规。"《离骚》将赋、比、兴三种修辞手法穿插转换，灵活运用，致使通篇抑扬顿挫，朗朗上口，不仅开辟了一个广阔的文学领域，而且是中国诗赋方面永远不可企及的典范。对于《离骚》，少年杜甫总是爱不释手，他完全被屈原的爱国情操所感染。

杜甫孜孜不倦，饱读诗书，无论是《诗经》、《楚辞》，还是汉魏六府、六朝诗歌，还是《左氏春秋》、《国语》，等等，都能做到无所不读、无所不学。杜甫读书，最大的特点就是读熟，读透，读出甚解来。有了这样的读书习惯，他才会在古诗、律诗、绝句等各个方面样样精通。就连排律诗体，他也同样能够做到落笔流畅，得心应手。排律诗是律诗的延伸，其要求除首尾两联外，其余都要对仗，并有严格的押韵和粘的要求。

杜甫是排律诗体积极的完善者和大力倡导者。他的排律诗，对仗工稳，意境高远，语义贴切，堪称古今排律诗的典范之作。自唐宋以后，韩愈、元稹、白居易、苏轼、黄庭坚等文人雅士，都极力推崇杜甫的排律诗。元稹说："诗人以来，未有如子美者。"他还说："子美上薄风雅，下该沈宋，言夺苏、李，气吞曹刘；掩颜、谢之孤高，杂徐庾之流丽，尽得古今之体势，而兼人人之所独专。"更有人说，风雅而下，唐而上，一人而已。

提起杜甫读书和创作境界，明末王嗣奭在《杜诗笺选旧序》中评价说："少陵起于诗体屡变之后，于书无所不读，于律无所不究，于古来名家无所不综，于得丧荣辱、流离险阻无所不历，而财力之雄大，又能无所不挈。故一有感会，于境无所不入，于情无所不出，而情境相傅，于才无所不伸，而于法又无所不和。当其搦管，境到、情到、兴到、力到，而由后读之，境真、情真、神骨真而皮毛亦真。至于境逢险绝，情触缤纷，纬缅相纠，榛楚接塞，他人援指告却，少陵盘礴解衣。凡人所不能道、不敢道、不经道，甚至不屑道者，失口而出之，而必不道人所常道……"这些评价，足以说明杜甫的诗词从情、境、兴、力、真、神等诸多方面交融而天成。他能在诗词创作上取得突出的成就，都是他从小博采众家之长的结果。

翰墨飞扬，洛阳古城展才华

在时间的长河中，杜甫和大唐王朝一起茁壮地成长。唐玄宗开元十四年（726年），十五岁的杜甫正值青春年少。少年的杜甫，仍然与二姑一起，居住在东都洛阳。他的父亲，还在担任郾城尉。郾城尉就是一个县尉的职务，相当于现在的县政法委书记兼公安局长，是主管县域内捕盗、治安等刑事、司法事务的官员，也是县令的副手之一，品级一般小于县丞。

将洛阳称为"东都"，是因为它坐落在长安的东边。在大唐王朝，洛阳是繁华程度仅次于长安的第二大城市，也是王权贵族、文人墨客的聚集之地。而在武则天称帝并改国号为"周"之后，便在洛阳定都。洛阳素有"九朝古都，八朝陪都"的美誉，风光秀美，人杰地灵。

洛阳也是一个唐代文化气息非常浓郁的名城。许多王公大臣和富甲豪门的宅邸，都集中坐落在洛阳城内。别看杜甫才刚刚十五岁，模样显得单纯而稚嫩，但他的内心，却已身怀杜氏家族儒风之衣钵，诗才之敏捷。他谈吐文雅，出口成章，在洛阳名人雅士中，已经享有很高的名气。

作为诗词名家杜审言的孙子辈，杜甫自幼承继了杜氏家族饱读诗书的优良家风。杜甫的祖父杜审言曾经自豪地说："屈宋作衙官，王羲之北面。"意思是说：我老杜的文章，屈原、宋玉都只配打下手；我老杜的字，王羲之都得北面称臣。这话虽然有自吹自擂、骄傲自大、孤芳自赏的嫌疑，但也足以说明杜审言对自己的文章、对自己的字充满信心。至于杜审言的五言律诗，杜甫在《赠蜀僧闾丘师兄》一诗中，对爷爷给予了"吾祖诗冠古"的评价：

大师铜梁秀，籍籍名家孙。呜呼先博士，炳灵精气奔。

惟昔武皇后，临轩御乾坤。多士尽儒冠，墨客蔼云屯。

当时上紫殿，不独卿相尊。世传闾丘笔，峻极逾昆仑。

凤藏丹霄暮，龙去白水浑。青荧雪岭东，碑碣旧制存。

斯文散都邑，高价越玙璠。晚看作者意，妙绝与谁论。

吾祖诗冠古，同年蒙主恩。豫章夹日月，岁久空深根。

小子思疏阔，岂能达词门。穷愁一挥泪，相遇即诸昆。

我住锦官城，兄居祇树园。地近慰旅愁，往来当丘樊。

天涯歇滞雨，粳稻卧不翻。漂然薄游倦，始与道侣敦。

景晏步修廊，而无车马喧。夜阑接软语，落月如金盆。

漠漠世界黑，驱车争夺繁。惟有摩尼珠，可照浊水源。

据史料记载，杜审言的书法是颇具功力的，也很有些王羲之的风范。同时，杜甫的父亲杜闲的书法，也被宋代著名学者蔡居厚大加赞许，称其为"简远精劲"，达到了书法遒劲、落笔有神的境界。祖父和父亲的影响，自然成为杜甫勤奋求学的内在动力。

读书之余，杜甫更是孜孜以求地习练书法和诗文。在洛阳城，杜甫所接触的，都是一些文人贤士。在这些文人贤士的熏陶下，杜甫自然习练一手好字，正像他在《李潮八分小篆歌》一诗中所写的"书贵瘦硬方通神"那样，力求书法有"瘦硬"之风骨：

苍颉鸟迹既茫昧，字体变化如浮云。

陈仓石鼓又已讹，大小二篆生八分。

秦有李斯汉蔡邕，中间作者寂不闻。

峄山之碑野火焚，枣木传刻肥失真。

苦县光和尚骨立，书贵瘦硬方通神。

惜哉李蔡不复得，吾甥李潮下笔亲。

尚书韩择木，骑曹蔡有邻。

开元已来数八分，潮也奄有二子成三人。

况潮小篆逼秦相，快剑长戟森相向。

八分一字直百金，蛟龙盘拏肉屈强。

吴郡张颠夸草书，草书非古空雄壮。

岂如吾甥不流宕，丞相中郎丈人行。

巴东逢李潮，逾月求我歌。

我今衰老才力薄，潮乎潮乎奈汝何。

《李潮八分小篆歌》是杜甫杰出的歌行作品。作者在诗中所表达的喜瘦硬、重骨力以及崇尚高古意趣的艺术观念，既是针对李潮书法作品的评价，同时，也是杜甫本人书法和诗歌创作的美学追求。对于杜甫的书法，明朝初年的国子监祭酒胡俨曾做出过评价，称其书法"字甚怪伟"，从中可以窥见杜甫在书法方面的高远追求。

自五岁就开始在二姑指导下阅读《诗经》，十五岁的杜甫已经有十年之久的书龄，许许多多文韬武略、满腹经纶的历代名人大家，都印在他的脑海之中。

当他得知唐玄宗在洛阳主持进士科考、大唐王朝的天子就在自己的身边时，心中的雄心壮志一下子燃烧起来。他深深地感到，洛阳绝不是一个简简单单的洛阳。洛阳独特而浓厚的文化气息无时不在感召着他，使他不知不觉地融入了文化繁荣的气候之中。洛阳的牡丹朵朵艳丽，洛阳的垂柳飘逸岸边。这些，都让杜甫为之动情。

在洛阳城内，一些文人雅士频繁出入翰墨场所，吟诗填词、书法绘画已蔚然成气，文化社交占据了上层社交的主导地位。当时，读书人若想在仕途方面有所建树，觅得良机一展宏图大志，除了参加科举考试取得功名外，经常出入翰墨场展示才华，谋求得到前辈官贵赏识和引援，也是一条不错的路径。

在翰墨场所，青春洋溢的杜甫幸运地结交了一大批名人文士，许多人都成为他读书习文的老师，其中，就包括曾任郑州刺史的崔尚、曾任豫州刺史的魏启心，二位均比杜甫年长二三十岁，称他们是忘年之交一点不为过。杜甫以老师之名称呼于二位，经常向他们请教问题，探讨诗文，甚至吟诗对唱。

杜甫备受洛阳深厚文化底蕴的熏陶。他清新的诗文，睿智的才华，渐渐赢得了崔尚、魏启心二位老师的赏识。崔尚、魏启心认为，杜甫的文才很有东汉著名文学家班固和西汉著名文学家扬雄的风范。班固出身于儒学世家，自幼聪慧好学，九岁就开始作诗作赋，十六岁进入太学深造学习。后来，班固编著了我国第一部纪传体断代史《汉书》，同时还编著了《地理志》《西域列传》等。扬雄，字子云，西汉时期著名的官吏、学者。扬雄最为著名的代表作就是"扬雄四赋"，包括《河东赋》《甘泉赋》《羽猎赋》和《长杨赋》，也称为"四大赋"。

书生意气的杜甫能得到一些资深前辈的赞许，可见他已在洛阳的文人名士中，展现出超乎寻常的文学才华。

更令人感到惊诧的是，杜甫得到岐王李范的邀请，成为岐王府的座上宾朋。李范是唐睿宗李旦的第四子，唐玄宗的弟弟，可见他的皇室身份是多么显赫。李范酷爱文学，好学惜才，且广交文人雅士，提倡诗文交流。与此同时，杜甫还认识并结交了崔涤。崔涤在兄弟中排行老九，所以也叫崔九。此人在唐玄宗身边担任殿中监之职，常出入禁中，与皇帝亲密接触，是皇帝的宠臣。杜甫与崔涤志趣相投，两人很快结为好友。崔涤非常欣赏杜甫的文采，经常邀请杜甫到他的家中做客。

杜甫游刃有余地出入在翰墨场中，很有些春风得意的气派。自古以来，但凡有所成就的人，他的少年时期，就往往表现出非同一般的聪慧，会让人感到惊奇。杜甫在他年纪尚轻时，就能够与上流社会中显赫人物结交相识，使他拥有广博的所见所闻，眼界大开。除了饱读万卷的诗书，积累丰富的诗书典籍知识外，丰实的人生阅历，更远远胜过原本枯燥的生活。可以说，从容出入翰墨场所，是杜甫进入诗词高地的起点，也是他成为一代大师的阶梯。

倾注真情，三朝之事墨浸透

清朝文史学家浦起龙在他所编著的《读杜心解》一书中说："少陵之诗，一人之性情，而三朝之事会寄焉者也。"意思是说，杜甫的诗作，大部分涉及唐玄宗、唐肃宗、唐代宗三朝有关的重大事件，无处不浸透了诗人的真情实感。他的诗，不仅仅是对历史事实的客观记录，还在纪实中充分地表达了自己内心的强烈感受。

《读杜心解》是中国古典文学的基本丛书之一，是比较系统地解读杜甫诗的一部专著。该书的作者浦起龙参考由宋代至清代历代的多种杜诗注本，去粗取精，去伪存真，对杜甫的诗作作了比较详细的解读。

浦起龙是大清王朝一位难得的文史学家，晚年留下了许多惠及后人的著作。由于科场屡屡受挫，浦起龙对八股文渐渐感到厌倦，进而转向对杜甫诗作的欣赏，并集中精力潜心研究。经过十余年的研究积累后，浦起龙于康熙六十年（1721年）夏天，开始撰写《读杜心解》。他起早贪晚，甚至是夜以继日，于雍正二年（1724年），写成了这部专门解读杜甫诗的鸿篇巨著。

《读杜心解》共收入了杜甫各种形式的诗歌上百首，并对每首诗均作了详细的注释及校注。全书收诗范围广，校注及注释客观准确，是杜甫诗研究中的一部创新之作。书籍编撰完成后，在清代流传较广，影响较大，成为当时关于杜甫诗研究的重要文献。这本书的最大特点是，在批注方面，不做烦琐征引与考证，并简化引文，力求简洁明了；在解读方面，以时文批点的形式，概括杜甫诗的段落大意，并着重运用孟子"以意逆志"的方法，对杜甫诗进行阐释，其解往往能够深窥诗人的心志，弥补前人未曾发现的境界。该书的编纂体例为寓编年于分体之中，并将杜甫的文赋散附于相类的诗篇之后，形成诗文混排的独特编纂体例。

在《读杜心解·发凡》之中，浦起龙详细陈述了撰写《读杜心解》一书的目的意义和遵循体例：

> 西河不云乎：在心为志，发言为诗，声成文谓之音。是故诗之兴也，心声之；其传也，心宅之。作诗、读诗、解诗，胥是物焉。千载遇之，旦暮也；毫厘失之，千里也。夫锋丽于刃，却刃求锋而寻诸欧冶，则近而远之也；月入于楬，倚楬求月而问诸方空，则远而近之也。吾读杜十年，索杜于杜，弗得；索杜于百氏诠释之杜，愈益弗得。既乃摄吾之心印杜之心，吾之心闶闶然而往，杜之心活活然而来，邂逅于无何有之乡，而吾之解出焉。合乎百氏之言十三，离乎百氏之言十七。合乎合，不合乎不合，有数存焉于其间。吾还杜以诗，吾还杜之诗以心，吾敢谓信心之非师心与，第悬吾解焉，请自今与天下万世之心乎杜者洁齐相见。命曰《读杜心解》，别为发凡以系之。

> 诗运之杜子，世运之管子也。具有周公制作手段，而气或近于霸。诗家之子美，文家之子长也。别出春秋纪载体材，而义乃合乎风。

> 太史公之言曰：《小雅》怨诽而不乱。《杜集》千四百有余篇，大抵皆怨诗也，变雅也，故其文为《史记》之继别，而其志则《离骚》之外篇，须识取不乱处乃得。

注與解体各不同：注者其事辞，解者其神吻也。神吻由事辞而出，事辞以神吻为准。故体宜勿混，而用贵相顾。

《骚》漠、邺中、江左诸诗，代各有注。李善、五臣注《选》，解行于注之中。降自唐初以后，诗注本渐少，大都所谓流连景光，陶写性灵之什，不注可也。惟少陵、义山两家诗，非注弗显，注本亦独多。然义山诗可注不可解，少陵诗不可无注，并不可无解。

在《读杜心解》的影响下，清代中晚期先后出现了一批以评点《读杜心解》为重点的杜甫诗学研究文献，如鲁一同、朱方蔼、秦应逵等人，分别对《读杜心解》进行了批点与补正。《读杜心解》批点本的出现，不但有助于人们正确理解杜甫诗，还大大地丰富了杜甫诗批评史学的文献资料。

杜甫的一生，是跌宕起伏的一生。他出生在唐睿宗时期的末年，生活却贯穿了唐王朝由兴盛到衰败的转折时期，经历了唐玄宗、唐肃宗、唐代宗三朝。俗话说：不怕小时苦，就怕老来贫。杜甫所经受的，恰恰是小时清闲享福、老时奔波受苦的心酸历程。更加巧合的是，大唐王朝也同他的成长轨迹相吻合。杜甫年少时，国家正在励精图治；杜甫年轻时，国家正在蒸蒸日上；杜甫壮年时，国家正在如日中天；杜甫刚过不惑之年，国家爆发了"安史之乱"；杜甫晚年漂泊之时，国家已经千疮百孔。可以说，杜甫的经历，就是一部活生生的国家由盛转衰的历史。

杜甫空有一腔"致君尧舜上"的远大抱负。他不但始终未得到重用，还一生饱经忧患。战乱的时局，毫不留情地把他卷入颠沛流离的旋涡之中，让他饱受居无定所、衣不保暖、食难充饥的折磨，种种社会乱象像狂风暴雨一样摧残着他的心灵。他甚至用自己的那颗善良的心，来体察社会所暴露出来的种种矛盾和弊端，从而体验到了下层百姓生活的艰辛和困苦。他发现了魔鬼的身影，他听到了魔鬼的声音。然后，他把自己的一腔热血点燃，变成了一首首诗歌的火光，去照亮人间。

杜甫在《江汉》一诗中写道：

> 江汉思归客，乾坤一腐儒。片云天共远，永夜月同孤。
> 落日心犹壮，秋风病欲疏。古来存老马，不必取长途。

这首诗是说：多年漂泊江汉，我也只是思归故乡的天涯游子罢了，在茫茫天地之间，我只是一个迂腐的老儒。天上云卷云舒，也只能如云彩般漂泊，与明月一起，孤独地面对漫漫长夜。我虽已到暮年，就像日将落西山，但一展抱负的雄心壮志依然存在，面对飒飒秋风，我不仅没有悲秋之感，反而觉得病逐渐好转。自古以来存养老马是因为其智可用，而不必取其体力，跋涉长途。

许多古人在评价杜甫时说："子美之诗，三朝之事墨浸透。"这种评价，实在是再恰当不过了。晚唐司勋郎中孟棨在《本事诗·高逸第三》中说："杜逢禄山之难，流离陇蜀，毕陈于诗，推见至隐，殆无遗事，故当时号为'诗史'。"北宋礼部尚书胡宗愈在《成都草堂诗碑序》中也说："先生以诗鸣于唐，凡出处去就、动息劳佚、悲欢忧乐、忠愤感激、好贤恶恶，一见于诗，读之可以知其世，学士大夫谓之'诗史'。"

杜甫的诗被称为"诗史"，在于它具有史实的价值。他描写了安史之乱前后的许多重要事件，描写了百姓在战争中承受的苦难，以深广生动、血肉饱满的形象，展现了战火中整个社会生活的广阔画面。"三朝之事"，也就是常被人提到的重要的历史事件，在杜甫的诗中都有反映。

杜甫的诗，不仅提供了"三朝"的史实，可以证史，有些诗，还可弥补史实的不足或失载，如《三绝句》一诗：

楸树馨香倚钓矶，斩新花蕊未应飞。

不如醉里风吹尽，可忍醒时雨打稀。

门外鸬鹚去不来，沙头忽见眼相猜。

自今已后知人意，一日须来一百回。

无数春笋满林生，柴门密掩断人行。

会须上番看成竹，客至从嗔不出迎。

诗中写到的渝州、开州杀刺史的事，都未见史书记载，而从杜甫诗中就可以清晰发现安史之乱后蜀中的混乱情形。

杜甫的诗虽被称为"诗史"，但他的诗绝非客观的叙事，用诗体去写历史，而是在深刻反映现实的同时，通过独特的风格表达出作者的心情。

杜甫诗现存 1400 多首，深刻地反映了唐代安史之乱前后 20 多年的社会全貌，生动地记载了杜甫一生的生活经历。写作过程中，杜甫把社会现实与个人生活紧密结合起来，达到思想内容与艺术形式的完美统一。

忧国忧民，喜怒哀乐俱成诗

也许，杜甫就是为大唐王朝而生的。他茁壮成长，大唐王朝就日渐兴盛；他步入衰老，大唐王朝就渐渐颓败。他的一生，适逢从大唐王朝从开元盛世到安史之乱的大转折时代，就是大唐帝国由盛转衰的关键时代。如果大唐王朝一直保持兴盛的态势，也许杜甫不可能发出那么多的感慨来，大唐王朝就不可能出现一位在中国文学史上名垂千古的"诗圣"。

杜甫怀着极其深厚的感情，写下了《忆昔二首》：

忆昔之一

忆昔先皇巡朔方，千乘万骑入咸阳。

阴山骄子汗血马，长驱东胡胡走藏。

邺城反覆不足怪，关中小儿坏纪纲。

张后不乐上为忙。至今今上犹拨乱，

劳心焦思补四方。我昔近侍叨奉引，

出兵整肃不可当。为留猛士守未央，

致使岐雍防西羌。犬戎直来坐御床，

百官跣足随天王。愿见北地傅介子，

老儒不用尚书郎。

忆昔之二

忆昔开元全盛日，小邑犹藏万家室。

稻米流脂粟米白，公私仓廪俱丰实。

九州道路无豺虎，远行不劳吉日出。

齐纨鲁缟车班班，男耕女桑不相失。

宫中圣人奏云门，天下朋友皆胶漆。

百馀年间未灾变，叔孙礼乐萧何律。

岂闻一绢直万钱，有田种谷今流血。

洛阳宫殿烧焚尽，宗庙新除狐兔穴。

伤心不忍问耆旧，复恐初从乱离说。

小臣鲁钝无所能，朝廷记识蒙禄秩。

周宣中兴望我皇，洒泪江汉身衰疾。

在唐玄宗统治前期，也就是开元时期的二十九年间，玄宗皇帝励精图治，又有姚崇、宋璟等贤臣辅弼，政治清明，国家富强，史称"开元盛世"。

唐玄宗的44年任期，最突出的政绩就是农耕技术得到了快速的发展，饮茶之风很快在全国范围盛行。唐玄宗采取一系列措施，鼓励手工业的振兴与发展。从此，手工业迅速提振发达，尤以丝织技术精益求精为代表。同时，陶瓷业也有突破性的发展，越窑青瓷、邢窑白瓷和唐三彩风行起来，唐三彩从此成为世界陶瓷工艺的珍品。在长安城内，城市布局分为坊和市，坊是居民住宅区，市为繁华的商业区。坊和市的划分，在当时的世界上独领风骚，绝无仅有。长安既是当时各民族交往的中心，又是一座国际性的大都市。唐玄宗执政的开元期间，唐朝进入一个空前兴盛的时期。

其实，在女皇武则天被逼退位后长达十年的时间里，唐王朝已经进入了一个短暂的混乱期。唐中宗景龙四年（710年），中宗遇害后，相王李旦的第三子李隆基发动了一场宫廷政变，铲除了韦武集团，并拥立相王李旦为帝，是为唐睿宗。两年以后的延和元年（712年），唐睿宗退位让位于李隆基，是为玄宗。

玄宗李隆基即位后，整顿朝纲，任用贤能，积极采取多项改革措施振兴朝纲。他建制谏官，恢复谏议制度。完善法制，删辑律令格式，编纂《唐六典》。农业上静民劝农，检括户口，开垦荒地，提高亩产。设置四监管理官府手工业，民间手工业也发展迅速。繁荣商业，金融机构柜房出现，互市与海外贸易发达。正是因为开元初期君臣一体，上下同心，全国经济迅速繁荣，迎来了杜甫在诗中所说的"忆昔开元全盛日，小邑犹藏万家室。稻米流脂粟米白，公私仓廪俱丰实"的"开元盛世"。这一切，居住在陪都洛阳的杜甫看在眼里，喜在心上。

杜甫的一生，在诗歌史上适逢从盛唐到中唐的转折时代。人们公认天宝末年是唐诗的转折点。天宝末年（756年），恰是杜甫三十年诗歌创作生涯的中间点。此时，杜甫上与李白等人同属盛唐诗人群体，下为元白等中唐诗人的先驱。如果说盛唐诗歌以描写具有浪漫色彩的理想境界为主，那么杜甫的诗开始转向以反映社会现实为主，风格上也从高华飘逸转向朴实深沉。从唐诗的发展史来看，杜甫是盛唐转向中唐的关键人物。杜甫所处的时代，在社会学、文学两个维度上，都是大转折的关键时刻，是一个呼唤伟大诗人的时代。杜甫就是为此而应运而生的伟大诗人。

杜甫出生在一个以儒学为传统的家庭。他不但崇尚儒学，而且身体力行付诸实践，在儒学史上做出了比较突出的贡献。可以说，杜甫用他全部的生命，践行、丰富和充实了儒学本身。他满怀仁爱之心，爱自己的家人，爱自己的朋友，爱自己的同胞，爱其他民族的人民。他不赞成非正义战争，不愿意看到战争给其他民族带来灾难。

杜甫具有过人的天才，而且是个早熟的诗人，进入长安以前就写出了《望岳》那样的名篇。他对诗歌艺术的追求精益求精，不但努力超越前人，而且不断地超越自我。李白的创作，在艺术水准上没有呈现出明显的阶段性，而杜甫却不一样，每个时期都有不同的艺术风貌。杜甫对诗歌艺术的艰苦探索，完全可以用呕心沥血这个词才能形容。

杜甫诗是安史之乱前后那个历史阶段的时代画卷，是用韵语的形式写成的一代历史。说杜甫诗是"诗史"，最重要的意义在于杜甫诗是"安史之乱"前后大唐帝国的最鲜明、最生动、最深刻的一种记录。"安史之乱"对大唐帝国的人口造成了巨大的破坏。《资治通鉴》中记载：唐玄宗天宝十三年（754年），大唐帝国的人口总数是5288万，有半个亿之多。而到了唐代宗广德二年（764年），"安史之乱"已经基本平定时，大唐帝国的总人口已经骤减到1690万。十年之间，一个国家的三分之二的人口消失了。关于安史之乱中人口的大量减少，杜甫晚年在湖南写的五言律诗《白马》是这样表述的：

白马东北来，空鞍贯双箭。可怜马上郎，意气今谁见。
近时主将戮，中夜商于战。丧乱死多门，呜呼泪如霰。

这首诗的大意是：东北方向来了一匹白马，马上空着没有人，但却中了两支箭。可怜马上的主人，估计已经看不到当初的意气风发。最近战争不断，白天夜里都在商量战事。战争使很多家庭死了人，流泪伤悲。

其实，诗中的白马是作者自画像。对安史之乱前后，黎民百姓各式各样非常态的死亡，记载得最详细、最生动的就是杜甫诗。杜甫的"三吏"、

"三别"以及其他一些诗，都可以看到具体的描述。因此，杜甫的诗在很大程度上弥补了历史的空白。这些，都寄托了杜甫对"开元盛世"一种无限的向往，也寄托了他对国家和平、人民安康的一种殷切期盼。

　　杜甫其人是诗圣，其诗作则是诗史。这两者完美结合，鲜明地体现了一代大师的儒家风范。

第二章

壮年游历裘马轻狂

//034

漫游吴越，名胜古迹任逍遥

杜甫的一生中有三次大的漫游，历时长达十年之久。十年，在历史的长河中不过是短暂的一瞬，但对人而言，却是比较漫长的。这漫长的十年，他饱览了名山大川，丰厚了人生阅历，了解了所到之处的风土人情和地域文化，还结识了一些社会名流，在上层社会的知名度一路攀升。

唐玄宗开元十九年（731年），杜甫刚满20岁，风华正茂，踌躇满志。他并不在意功名与仕途，而是注重漫游各地的名胜古迹，了解各地的风土人情。于是，他开始了为期4年的吴越之游。

吴越，大致范围就是现在的江南一带，涵盖长江中下游流域以南，南岭武夷山脉以北，也就是湘赣浙沪全境与鄂皖苏长江以南地区。因在春秋战国时期这些地区是吴国和越国的辖地，故有吴越之称。

说到江南，那是一个让人心旌摇曳的历史文化盆景。许多著名的文学家、诗人，都生活在这一带。童年时代的杜甫，就早已熟读了陶渊明、谢灵运、鲍照、谢朓、阴铿、何逊、庾信等诗词大家的诗作，杜甫对这块诗人荟萃的土地，充满了无限的向往。

因此，杜甫人生的第一次出游，就选择了吴越。同时，选择漫游吴越的另一个原因，就是他的姑母当年就住在江南水乡。

杜甫此行，得到了在武康（今浙江省德清县）当县尉的叔叔杜登和在常熟当主簿的姑父贺㧑的大力支持。杜甫出游期间，二位长辈给他提供了所需的经费和物资。这个时期，正是唐朝发展最富庶的时期，也正是杜甫浪漫不羁、裘马清狂的时期。

事实上，这种远游就是走出家乡，到人文荟萃的都市，用言语或诗文进行自我的宣传和举荐，以此来结交上层人士，得到社会认可。然后参加进士考试，就可能一举成名。在那个时代，能否考中进士，与考生在社会上的声望与知名度不无关系。

在这次漫游的过程中，杜甫写过不少的诗，可惜大多没有流传下来，现在能够读到的只有两三首。这两三首诗，比起他后来的忧国忧民的精美诗篇，显得非常稚嫩，只算是一棵萌芽而已。但同时，也预示这小小的萌芽，将来会发育成一棵挺拔的参天大树。

杜甫的吴越之游从洛阳出发，沿着大运河，经过淮阴、扬州，渡过长江，从而到达魂牵梦绕的江南水乡。

杜甫在姑苏城（今江苏省苏州市）波光潋滟的江边，远眺太平洋中的岛国扶桑，产生了东渡日本的遐想。他还做了相应的准备工作，但终生未能成行，留下不可弥补的遗憾。他在后来的《壮行》中这样写道："到今有遗恨，不得穷扶桑。"

在苏州，杜甫来到著名的虎丘山，探寻春秋末期吴王阖闾之墓。

虎丘山是春秋时吴王夫差埋葬自己父亲阖闾的地方。

公元前496年，吴王阖闾在与越国的檇李之战中，被越大夫灵姑浮挥戈斩落脚趾，重伤而死，后葬于苏州虎丘山。

虎丘山的剑池，素有"吴中第一名胜"的美誉。杜甫离开阖闾墓地后，便慕名来到剑池。

进入剑池，别有洞天，顿觉"池暗生寒气""空山剑气深"，气象为之一变。举目可见两片陡峭的石崖拔地而起，锁住了一池绿水。池形狭长，南宽北窄，像一口平放着的宝剑，当阳光斜射水面时，给人以寒光闪闪的感觉，即便是盛夏也会觉得凉飕飕的。水中照出一道石桥的影子。抬头望去，拱形的石桥高高地悬挂在半空，不用走上桥去，就觉得胆战心惊，头晕目眩。石壁上长满苔藓，藤萝野花又像彩色的飘带一样倒垂下来，别有一番风韵。透过高耸的岩壁仰望塔顶，有临深渊之感。

剑池的奇、秀、险，让杜甫心旌摇曳，思绪万千，深深感叹大自然的鬼斧神工和历史的沧桑巨变。

杜甫来到常州苑观赏"出淤泥而不染"的荷花，去闾门拜谒古老的太伯庙。然后，他渡过钱塘江，登上西陵（今浙江省杭州市萧山区）古驿台，感悟勾践的卧薪尝胆。

繁花似锦的五月，他游览了水平如镜、山水兼容的鉴湖。

鉴湖原名镜湖，相传黄帝铸镜于此而得名。鉴湖水质特佳，驰名中外的绍兴老酒，就是用鉴湖水酿造的。鉴湖湖面宽阔，水势浩淼，泛舟其中，近处静影沉璧，远处青山叠翠，宛若镜中漫游。

杜甫游完鉴湖，乘兴泛舟剡溪，来到天姥山。天姥山之名来自"王母"。天姥山高耸入云，峰峦叠翠，气象万千。早在唐以前就千姿百态，是中国文人向往的文化名山，李白、杜甫、白居易等唐代诗人，都在天姥山留下了足迹与诗篇。最著名的是李白的《梦游天姥吟留别》，杜甫早已熟读，但此时还未曾与李白谋面。

在绍兴，杜甫游览了闻名于世的若耶溪，传说当年西施就是蹲在若耶溪边，双手拿着薄如蝉翼的纱裙，在水面上下摆动。水里的鱼儿嫉妒她的美艳，沉到了水底，中国古代四大美女沉鱼落雁闭月羞花中的沉鱼，指的就是西施。

在江宁（今江苏省南京市），杜甫游览了秦淮河北面的瓦棺寺，在这里，他看到了东晋大画家顾恺之画的壁画。杜甫如饥似渴地欣赏着，这是杜甫看到的古代名画中印象最深的一幅画。他在《送许八拾遗江宁觐省》一诗中，写道："虎头（指东晋画家顾恺之）金粟影，神庙独难忘！"

杜甫在江南漫游四年之久，后来因为参加进士考试才回到故乡河南巩县。但吴越名胜古迹令他难以忘怀，并且一度产生移居江淮的想法，这种意念体现在他后来写给胡商的诗里面。

商胡离别下扬州，忆上西陵故驿楼。

为问淮南米贵贱，老夫乘兴欲东流。

——《解闷十二首之二》

遗憾的是杜甫一生再没有去江南重游，后来他对吴越之地的赞美怀念之情，淋漓尽致地写在了《壮游》之中：

往昔十四五，出游翰墨场。斯文崔魏徒，以我似班扬。

七龄思即壮，开口咏凤凰。九龄书大字，有作成一囊。

性豪业嗜酒，嫉恶怀刚肠。脱略小时辈，结交皆老苍。

饮酣视八极，俗物都茫茫。东下姑苏台，已具浮海航。

到今有遗恨，不得穷扶桑。王谢风流远，阖庐丘墓荒。

剑池石壁仄，长洲荷芰香。嵯峨阊门北，清庙映回塘。

每趋吴太伯，抚事泪浪浪。枕戈忆勾践，渡浙想秦皇。

蒸鱼闻匕首，除道哂要章。越女天下白，鉴湖五月凉。

剡溪蕴秀异，欲罢不能忘。归帆拂天姥，中岁贡旧乡。

气劘屈贾垒，目短曹刘墙。忤下考功第，独辞京尹堂。

放荡齐赵间，裘马颇清狂。春歌丛台上，冬猎青丘旁。

呼鹰皂枥林，逐兽云雪冈。射飞曾纵鞚，引臂落鹙鸧。

苏侯据鞍喜，忽如携葛强。快意八九年，西归到咸阳。

许与必词伯，赏游实贤王。曳裾置醴地，奏赋入明光。

天子废食召，群公会轩裳。脱身无所爱，痛饮信行藏。

黑貂不免敝，斑鬓兀称觞。杜曲晚耆旧，四郊多白杨。

坐深乡党敬，日觉死生忙。朱门任倾夺，赤族迭罹殃。

国马竭粟豆，官鸡输稻粱。举隅见烦费，引古惜兴亡。

河朔风尘起，岷山行幸长。两宫各警跸，万里遥相望。

崆峒杀气黑，少海旌旗黄。禹功亦命子，涿鹿亲戎行。

翠华拥英岳，螭虎啖豺狼。爪牙一不中，胡兵更陆梁。

大军载草草，凋瘵满膏肓。备员窃补衮，忧愤心飞扬。

上感九庙焚，下悯万民疮。斯时伏青蒲，廷争守御床。

君辱敢爱死，赫怒幸无伤。圣哲体仁恕，宇县复小康。

哭庙灰烬中，鼻酸朝未央。小臣议论绝，老病客殊方。

郁郁苦不展，羽翮困低昂。秋风动哀壑，碧蕙捐微芳。

之推避赏从，渔父濯沧浪。荣华敌勋业，岁暮有严霜。

吾观鸱夷子，才格出寻常。群凶逆未定，侧伫英俊翔。

这首诗大约作于唐代宗大历元年（766 年），当时杜甫卧病在夔州。这是一篇自传性的叙事诗，从幼年学诗起，历叙漫游齐、赵，洛阳失第，长安十年，经安史之乱到滞留巴蜀的生活。这是杜甫一生的自我写照。

洛阳不第，功名蹭蹬仕途路

唐玄宗开元二十三年（735年），唐王朝在洛阳举行了每年一次的进士考试。

在唐朝，进士地位相当高，唐代许多名人都是进士出身，如孟郊、李贺、王勃、王维、刘知凡、陆贽、颜真卿、杜牧、白居易、韩愈、柳宗元等。

五代的王定保在其所撰的《唐摭言》中感叹道：缙绅虽位极人臣，不由进士者，终不为美。意思是说：即使是权势阶层，如果不是进士出身，终是美中不足。唐代一位著名的三品官员薛远超曾说自己有三大憾事：一没有进士及第，二未能娶五姓女，三不能修国史。五姓是指隋唐时期最有威望的七宗五姓，即博陵崔氏、清河崔氏、范阳卢氏、陇西李氏、赵郡李氏、荥阳郑氏、太原王氏。在当时来说，如果能与五姓女联姻，就是终身富贵。而修国史在唐代是非常让人羡慕的工作，被视为能流芳百世之事，非一般人所能及，不但要学富五车、才高八斗，还要人品极其优秀，并得到皇帝的认可方能担任。薛远超把进士及第排在娶五姓女和修国史的前面，足见"进士"的重要性。

按唐制，进士考试在秋季举行，发榜则在下一年春天。孟郊当时就是在春花烂漫之时，获悉考中进士的喜讯，兴奋得一日看尽长安花。

当时，考取进士如同鱼跃龙门，十年寒窗无人问，一举成名天下知。几乎所有的学子，不论权贵子弟或是平民子弟，都将进士及第视为人生的奋斗目标。尤其是寒门学子，不走考取进士之路，很难出人头地。杜甫一生考了三次进士，三次落第，但这没有影响他的诗歌创作和诗圣之名。

唐朝时，进士考试制度是非常严格的。考场的主教官就有十人，都是德高望重的大臣。考生进场时，要进行严格的搜身，不得携带作弊工具进场，只可以带"韵册"，也就是现在所说的字典。考场四周布有兵马巡逻，戒备极其森严。考试为闭卷考试，考试时间为一天。从早晨到晚上，烧三根蜡烛，烛尽为止。考生要连考三场，一经贴，二杂文，三策文。每卷定去留，即必需三卷全部通过才有可能进士及第。

由此可见，考取进士之难，难上于青天。

参加进士考试的年龄，要在 18 周岁以上。考生大概有四个主要来源，一为"生徒"。指中央政府设置的全国性大学中读书的考生。这些大学包括国子学、太学、四门学、律学、算学、书学、弘文馆、崇文馆、广文馆等，每所大学人数在 30 到 1500 人之间。这些大学，都集中于首都长安和洛阳，这些学校绝大部分都是招少部分官员子弟。二为"乡贡"。除中央大学外，唐代各州各县也都设置学校。到玄宗时期，为了提高国民素质教育，朝廷下令在每个乡都设学校。州立学校学生人数在 30 到 60 人不等，县立学校学生人数在 20 到 40 人不等，乡立学校视乡人数而定。三为自学成才的考生。四为名士推荐的"非常之才"。

从生源来看，杜甫应属"乡贡"考生。

杜甫结束吴越之旅，就是为了回到故乡请求乡里保荐，经过州县甄选后，参加开元二十三年的进士考试。通过保荐甄选这种途径参加进士考试的考生，叫"乡贡"。

一般进士考试都是在皇城长安举行。而杜甫参加进士考试的这一年，考场设在了离故乡河南巩县不远的古城洛阳。原因是开元二十一年（733年）秋天，天降大雨，长安城洪水泛滥，淹没了道路和田园，无奈之下，唐玄宗于开元二十二年正月迁往洛阳暂住，因此，开元二十三年的进士考试便在洛阳举行。

洛阳位居中原腹地，不仅是华夏文明的摇篮和发祥地，是中国建都时间最早、朝代最多、时间跨度最长的"世界名都"，更是中国历史的缩影。在这块神奇的土地上，历史人物、社会名流、诗词大家层出不穷，灿若星河。

在西晋太康年间出了位很有名的文学家叫左思，他曾作一部《三都赋》，在当时的京城洛阳广为流传。对此，人们交口称赞，竞相传抄，出现了洛阳纸贵的现象。原来每刀千文的纸，一下子涨到两千文、三千文，后来竟然倾销一空，不少人只好到外地买纸，抄写这篇千古名赋。由此，留下了"洛阳纸贵"的成语典故。

东汉兰台令史班固，曾在洛阳著《汉书》，这是我国第一部体例完备、内容丰富的断代史。

宋代大政治家文学家司马光说："欲知天下兴废事，请君只看洛阳城。"这一诗句，形象而深刻地揭示了洛阳在中华大地悠久历史中的独特地位。

大灾之后的进士科考设在洛阳，也算是传统文化的一种回归。

杜甫出生在诗词世家，自幼受到良好的文学熏陶，加上天资聪慧，勤奋好学，文学功底深厚，他7岁时，就曾写下歌咏凤凰的诗词。

杜甫凭借自己的真才实学和少年名气，以为这一次参加进士考试志在必得，结果事与愿违。这次进士考试，在3000名考生中只录取27名，录取率还不到百分之一。

常言道：天外有天，人外有人。杜甫意外落第，功名蹭蹬。

这一年，杜甫24岁，正值青春年华，心高气傲，踌躇满志，不可一世，甚至把屈原、贾岛、曹植、刘祯等大名鼎鼎的诗人都不放在眼里。这种心理，体现在他后来写的《壮游》诗中："气劘屈贾垒，目短曹刘墙。"

科考落第，杜甫虽然有些失望，但并不沮丧。他没有把这次进士落第特别当成一回事。此时，他没有意识到社会的现实与残酷，也没有预料到他今后的人生之路会有多么曲折和多少磨难，更不会想到国家会由开元盛世变得战乱频发、山河破碎。

落榜后，杜甫在洛阳又居住了一些时日。他欣赏一番洛阳的名胜古迹，品尝了洛阳的杜康美酒，拜访一些洛阳的新老朋友。之后，才离开洛阳，开始了他人生的第二次漫游。

浪漫齐赵，辞亲远游志四方

李白在《上安州裴长史书》中说道："大丈夫必有四方之志，乃仗剑去过，辞亲远游。"这句话不是写给杜甫的，但恰恰契合杜甫漫游神州大地的雄心壮志。

唐玄宗开元二十四年（736年），杜甫科考落第之后，便开始了他人生的第二次漫游，他自己把这次漫游称为"放荡齐赵间，裘马颇清狂"。

齐国是中国历史上从西周到春秋战国时期的一个诸侯国，齐王被周天子封为侯爵，为战国时代七雄之一，领土在山东省境内，国都是临淄（今山东省淄博市境内）。公元前221年，为秦国所灭。

赵国也是战国时代七雄之一，领土大致在今山西北部和中部，河北西部和南部，国都原在晋阳（今山西省太原市境内），后迁至邯郸（今河北省邯郸市境内）。公元前228年，被秦国所灭。

由此可见，齐赵之地泛指现在的山东、河北、河南、山西等地。这些地方历史悠久，文化厚重，名胜古迹颇多。当年，杜甫的父亲杜闲在山东兖州做司马，杜甫就借省亲之机，去齐赵之地游山玩水，领略大好河山。

根据元稹所撰杜甫的墓志铭记载，杜闲最高职位为奉天令，其间还做过兖州司马，一生都在基层县郡任职。杜闲的名望，远不及父亲杜审言，也不及儿子杜甫。但杜闲所得俸禄，还能满足杜甫漫游的开销。

开元二十四年春天，杜甫骑着高头大马，风风光光地来到齐赵之地。

在美丽的春天，他来到邯郸，在战国时赵王兴建的丛台上引吭高歌，直抒情怀。

在寒冷的冬天，杜甫来到青山，踏雪狩猎。这时，他结识了苏源明（也称苏预）。苏源明，字弱夫，唐代京兆武功人。后来在天宝元年（742年）及第进士。苏源明在担任翰林学士期间，积极向唐肃宗李亨建言献策，而且多被采纳。他所著的《新唐书·艺文志》流传于世。

苏源明少年父母双亡，生活非常艰难，但他勤奋好学，专心读书。与杜甫相识时，两个才子惺惺相惜，很快成为好朋友。他们一起观光旅游，谈诗论画，追逐野兽，不亦乐乎。苏源明是杜甫众多朋友中结识较早的一位。

杜甫在游览汶水时，遇到了边塞诗人高适。

高适（约700年—约765年），字达夫、仲武，唐朝渤海蓨（今河北省景县）人，后迁居宋州宋城（今河南省商丘市境内）。唐代著名的边塞诗人，曾任刑部侍郎、散骑常侍、渤海县侯，世称高常侍。唐玄宗天宝八年（749年），46岁的高适在睢阳太守张九皋的荐举下，考取进士，授封丘尉。

杜甫初识高适时，高适还未中进士，生活十分拮据，常常靠打鱼砍柴为生。但高适并没有因为仕途失意而萎靡不振，而是以一种乐观豪放、平和超然的心态面对现实，高适的人生态度，深深感染着年轻气盛的杜甫。

一天，杜甫与高适在草原骑马游猎，远远看见天空中飞来一只鹙鸧，又名秃鹙，是一种头颈无毛而习性贪馋的水鸟。杜甫飞马向前，拔箭拉弓，只听"嗖"的一声，那只鹙鸧坠落马前。由此可见，杜甫并不是一个书呆子，而是能文能武之人。

杜甫来到孔子的家乡山东曲阜，游览了汉时鲁恭王建造的灵光殿。

山东，因居太行山以东而得名，简称"鲁"，因先秦时期隶属齐国、鲁国属地，故而别名"齐鲁"。

山东兖州地处齐鲁，是儒家学说的发源地，具有悠久的文化传统。

杜甫来到了与兖州相邻的邹县，登上了峄山，亲眼目睹了秦始皇在峄山留下的石碑，但石碑上刻着的秦始皇丰功伟绩的字迹已经模糊不清。

他登上兖州城楼，独自徘徊，举目远眺，飘浮的白云连接着东海和泰山，一马平川的原野直入青州和徐州。秦始皇的石碑像一座高高的山峰屹立在这里，鲁恭王修的灵光殿只剩下一片荒芜的城池。见此情景，杜甫怀古伤感之情油然而生，于是诗兴大发，一举成就了杜甫诗集中最早的一首佳作《登兖州城楼》：

> 东郡趋庭日，南楼纵目初。浮云连海岱，平野入青徐；
>
> 孤嶂秦碑在，荒城鲁殿余。从来多古意，临眺独踌躇。

杜甫的代表作《望岳》就是游历山东泰山所作。泰山，位于山东省中部，海拔 1532.7 米。因其高，被古人视为"直通帝座"的天堂，成为百姓崇拜、帝王告祭的神山。历代有识之士及文人墨客视泰山为"国家柱石"。

杜甫登上泰山，心旷神怡，欣喜若狂，于是才有了他的千古绝唱《望岳》：

> 岱宗夫如何？齐鲁青未了。造化钟神秀，阴阳割昏晓。
>
> 荡胸生层云，决眦入归鸟。会当凌绝顶，一览众山小。

全诗没有一个"望"字，却紧紧围绕诗题《望岳》的"望"字着笔，由远望到近望，再到凝望，最后是俯望。诗人描写了泰山雄伟磅礴的气象，满怀激情赞美了泰山高大巍峨的气势和神奇秀丽的景色，流露出了对祖国山河的无限热爱之情，"会当凌绝顶，一览众山小"，表达了诗人不怕困难、敢攀顶峰、傲视一切的雄心和气概，以及卓然独立、兼济天下的豪情壮志，洋溢着蓬勃向上的朝气。

开元二十八年（740年），杜甫写下了矫健豪放，沉雄隽永的《房兵曹胡马》一诗，咏物言志。

胡马大宛名，锋棱瘦骨成。竹批双耳峻，风入四蹄轻。

所向无空阔，真堪托死生。骁腾有如此，万里可横行。

诗人用传神之笔描绘了一匹神清骨峻，驰骋万里的胡马，借此期望房兵曹能为国建功立业，更体现了杜甫卓尔不群的志向与锐意进取的雄心壮志。

青年杜甫不但擅长诗词格律，喜欢拉弓射箭，还精通音乐美术，他的早期作品《画鹰》，就是根据一幅鹰的临摹画而作。形象生动，寓意深远。

素练风霜起，苍鹰画作殊。竦身思狡兔，侧目似愁胡。

绦镟光堪摘，轩楹势可呼。何当击凡鸟，毛血洒平芜。

这首题画诗大概写于开元末年，此时杜甫正当年少，富于理想，也过着快意的浪漫生活，充满着青春活力，富有积极进取之心，通过对画鹰的描绘，抒发了他嫉恶如仇的激情和自负不凡的凌云壮志。

筑居首阳，而立之年娶娇妻

唐玄宗开元二十九年（741 年），30 岁的杜甫从山东回到了洛阳，结束了他长达 10 年之久的壮游。这 10 年间，杜甫结识了很多游猎唱歌喝酒的朋友，但这些人，并没有给杜甫带来仕途上的帮助。

杜甫回到洛阳后，落脚在首阳山。他在首阳山附近建起几间颇具规模的窑洞，相当于现在的别墅。有了崭新的居所，杜甫心情大好。

首阳山位于洛阳和偃师之间，海拔最低 2186 米，最高 2509 米，因其位列群山之首，阳光先照而得名。首阳山素以奇秀著称，是古丝绸南路上的一颗璀璨的明珠。商末周初孤竹国君的两个儿子伯夷、叔齐葬于此地。

杜甫的远祖杜预和他的祖父杜审言都葬在首阳山，这两个人在杜甫心中至高无上。先祖杜预令他深深感到诗歌创作是杜家的光荣传统，要一代一代延续下去，发扬光大。祖父杜审言让他觉得"致君尧舜上，再使风俗淳"，这是他的责任和使命。

如今，他来到首阳山，仰望杜预的陵墓，一种不可名状的思绪萦绕心头。想当年，杜氏家族是多么显赫、荣耀，而到自己这一辈，虽然已是而立之年，仍没有什么功名，心里多少有些惆怅。于是，他写下了《祭远祖当阳君文》，高度赞扬了先祖杜预的文韬武略，表明他住在首阳山"不敢忘本，不敢违人"。

> 维开元二十九年岁次辛巳月日，十三叶孙甫，谨以寒食之奠，敢昭告于先祖晋驸马都尉镇南大将军当阳成侯之灵：初陶唐出自伊祁，圣人之后，世食旧德。降及武库，应乎虬精。恭闻渊深，罕得窥测，勇功是立，智名克彰。缮甲江陵，褫清东吴，建侯于荆，邦于南土。河水活活，造舟为梁。洪涛、荇汜，未始腾毒，《春秋》主解，膏隶躬亲。呜呼笔迹，流宕何人？苍苍孤坟，独出高顶，静思骨肉，悲愤心胸。峻极于天，神有所降，不毛之地，俭乃孔昭。取象邢山，全模祭仲，多藏之诫，焯序前文。小子筑室，首阳之下，不敢忘本，不敢违仁。庶刻丰石，树此大道，论次昭穆，载扬显号。于以采蘩，于彼中园，谁其尸之？有斋列孙。呜呼！敢告兹辰，以永薄祭。尚飨！

此时，已经 30 岁的杜甫尚未结婚。杜甫的父亲杜闲刚刚去世，而杜甫又没有什么功名和稳定的收入，杜家家境开始走向衰落，但还可以靠着祖上的一些积蓄勉强度日。

杜甫出身官宦家庭，父亲杜闲当过兖州司马，爷爷杜审言在初唐文坛赫赫有名，姑父是常熟县尉，他还有个堂弟娶了宰相李林甫的女儿，杜甫本人又是个神童，长得也是一表人才，风流倜傥。那么，为什么到了 30 岁还未娶妻生子呢？

据说，世代为官的杜家有个祖训，男子不考取功名不得结婚。杜甫屡试不第，又喜欢马不停蹄周游天下，钟情诗词歌赋，对于结婚生子这等大事没怎么着急。

他从山东漫游回到了洛阳之后，在洛阳渑池县首阳山下，盖了几间窑洞，取名"陆浑庄"。

"陆浑庄"这个名字，是有一些来历的。"陆浑"为渑池县的一个古地名，"庄"大有庄园之意。既然是庄园，就得有田有地有房屋。

陆浑庄建成后，杜甫在陆浑庄附近购置了田地，雇人种上绿油油的庄稼，栽上各种果树。春天，陆浑庄鲜花盛开。秋天，陆浑庄硕果飘香。房前屋后绿草如茵，鲜花绚烂，引得蜂飞蝶舞，常有人驻足，一派田园风光。

有了这所风风光光的陆浑庄之后，前来说媒的人络绎不绝，杜甫遵"父母之命，媒妁之言"，选中了司农少卿杨怡的千金小姐杨婉为妻。

一天，陆浑庄张灯结彩，喜气洋洋,30岁的杜甫与司农少卿杨怡的千金小姐杨婉喜结良缘。

在唐朝，司农少卿为从四品官员，负责地方财政经济工作。

如此说来，杜甫的夫人杨小姐当是大家闺秀，与杜家也算是门当户对。

由于杨婉出身书香门第，善良贤淑，知书达理，有着娇美的容颜，所以，杜甫说她的姿容如同花蕊一样娇艳，一颦一笑都像嫦娥一样令他动心。为了看清她的容貌，杜甫恨不能将月中的桂树全部砍去。他在《一百五日夜对月》写道：

> 无家对寒食，有泪如金波。斫却月中桂，清光应更多。
> 仳离放红蕊，想像嚬青蛾。牛女漫愁思，秋期犹渡河。

杜甫与杨婉，可谓是一见倾心。

婚后，杜甫与杨夫人感情深厚，相濡以沫，二人常常坐在庭院，品茶赏花，谈诗论画，生活滋润、惬意。

但杜甫收入微薄，家底也不是特别丰厚，日子越过越困难。结婚之前，杜甫一直过着衣食无忧、裘马清狂的贵族生活，不晓得世间有那么多疾苦与磨难。婚后随着孩子一个个出生，更加重了家里的经济负担。

杨夫人贵为千金小姐，受过良好的家庭教育，在娘家有丫鬟伺候着，但嫁到杜家之后，节衣缩食，含辛茹苦，默默地操持家务，养育子女，处处为丈夫着想。杜甫和诗朋酒友们在花园里饮酒，她却在河下洗衣，那石砧上传来的隐约捶洗声，每一下都牵动着诗人杜甫的神经，杜甫在《九日五首》其三中写道：

> 旧与苏司业，兼随郑广文。采花香泛泛，坐客醉纷纷。
> 野树歌还倚，秋砧醒却闻。欢娱两冥漠，西北有孤云。

杨夫人的贤德和贤能，给杜甫带来了莫大的慰藉和满足。当时，杨氏堪称贤妻良母。

后来，杜甫被困长安期间，兵荒马乱，杨氏带着孩子种粮种菜种草药，养猪养鸡，艰难度日，为了养活儿女，甚至沿街乞讨。

杜甫一生穷困潦倒，安史之乱中全家流离失所，但夫妻二人的爱，丝毫不减。

常言道："女为悦己者容，士为知己者死。"杨氏夫人不但勤劳善良，而且十分爱美，她深知离乱之中的团聚很难得，说不定什么时候就可能阴阳两隔，永不相见。因此，每当杜甫回来，她总是刻意打扮一番，梳头，化妆，喜形于色。

有一次，两个年少的女儿也偷偷学着母亲的样子，不但用小手梳理头发，还施粉画眉，将稚嫩的小脸蛋儿涂抹得一塌糊涂，童心童趣，非常可爱。杜甫在《北征》一诗中是这样描绘的：

北归至凤翔，墨制放往鄜州作。

皇帝二载秋，闰八月初吉。杜子将北征，苍茫问家室。

维时遭艰虞，朝野少暇日。顾惭恩私被，诏许归蓬荜。

拜辞诣阙下，怵惕久未出。虽乏谏诤姿，恐君有遗失。

君诚中兴主，经纬固密勿。东胡反未已，臣甫愤所切。

挥涕恋行在，道途犹恍惚。乾坤含疮痍，忧虞何时毕。

靡靡逾阡陌，人烟眇萧瑟。所遇多被伤，呻吟更流血。

回首凤翔县，旌旗晚明灭。前登寒山重，屡得饮马窟。

邠郊入地底，泾水中荡潏。猛虎立我前，苍崖吼时裂。

菊垂今秋花，石戴古车辙。青云动高兴，幽事亦可悦。

山果多琐细，罗生杂橡栗。或红如丹砂，或黑如点漆。

雨露之所濡，甘苦齐结实。缅思桃源内，益叹身世拙。

坡陀望鄜畤，岩谷互出没。我行已水滨，我仆犹木末。

鸱鸟鸣黄桑，野鼠拱乱穴。夜深经战场，寒月照白骨。

潼关百万师，往者散何卒。遂令半秦民，残害为异物。

况我堕胡尘，及归尽华发。经年至茅屋，妻子衣百结。

恸哭松声回，悲泉共幽咽。平生所娇儿，颜色白胜雪。

见耶背面啼，垢腻脚不袜。床前两小女，补绽才过膝。

海图坼波涛，旧绣移曲折。天吴及紫凤，颠倒在裋褐。

老夫情怀恶，呕泄卧数日。那无囊中帛，救汝寒凛栗。

粉黛亦解苞，衾裯稍罗列。瘦妻面复光，痴女头自栉。

学母无不为，晓妆随手抹。移时施朱铅，狼藉画眉阔。

生还对童稚，似欲忘饥渴。问事竞挽须，谁能即嗔喝。

翻思在贼愁，甘受杂乱聒。新归且慰意，生理焉能说。

至尊尚蒙尘，几日休练卒。仰观天色改，坐觉祆气豁。

阴风西北来，惨澹随回鹘。其王愿助顺，其俗善驰突。

送兵五千人，驱马一万匹。此辈少为贵，四方服勇决。

所用皆鹰腾，破敌过箭疾。圣心颇虚伫，时议气欲夺。

伊洛指掌收，西京不足拔。官军请深入，蓄锐何俱发。

此举开青徐，旋瞻略恒碣。昊天积霜露，正气有肃杀。

祸转亡胡岁，势成擒胡月。胡命其能久，皇纲未宜绝。

　　《北征》是杜甫创作的长篇叙事诗之一。此诗创作于安史之乱爆发的第三年，即唐肃宗至德二年（757年）八月，是诗人从凤翔到鄜州探家途中所作。全诗共有一百四十句。不难看出，短暂的家庭团聚，给一家人平添了一丝喜悦色彩，国家危难之中，又有多少家庭流离失所、妻离子散呢？

　　杜甫的"情诗"都写给了他的妻子杨氏，这些"情诗"现存有二十几首。杜甫在这些情诗中，字字句句尽显对妻子深深的爱，这一点在唐代其他诗人的作品中是极少见的。

　　当年儒家除了大谈"男女有别"和"夫为妻纲"以外，关于丈夫如何对待妻子，孔子和孟子谈得很少，而且两位圣贤都休过妻。杜甫在自己的诗中大书特书与妻子二人之间的恩爱，读来特别感人。无论是"老妻寄异县，十口隔风雪"，还是"何时倚虚幌，双照泪痕干"，对团圆的期待，都可以从中体会到。

　　杜甫一生逆境多，顺境少。特别是四十岁以后，穷困、疾病、逃难，几乎没有过几天好日子。他的妻子杨夫人在饥寒交迫中，担负着抚育儿女的重担，"世乱怜渠小，家贫仰母慈"，晚年又时刻关心照顾着疾病缠身的丈夫，"老妻忧坐痹，幼女问头风"，丈夫漂泊在外，她没有一丝埋怨，只有理解和懂得："老妻书数纸，应悉未归情"。杜甫笔下的妻子是那么可亲可近，可爱可敬，是那么具有奉献精神。杜甫能够成为众人景仰的"诗圣"，应该说与妻子杨氏的默默奉献是分不开的。

所以，杜甫无论是居庙堂之高，还是处江湖之远，对结发妻子杨氏的感情始终如一，一往情深。

访道寻友，李白高适共聚首

唐玄宗天宝三年（744年），杜甫在洛阳有幸结识了已经名扬天下的大诗人李白。

李白（701年—762年），字太白，号青莲居士，又号"谪仙人"。是唐代伟大的浪漫主义诗人，被后人誉为"诗仙"。后人把李白与杜甫并称为"李杜"。为了与另两位诗人李商隐与杜牧的组合"小李杜"有所区别，又称杜甫与李白的组合为"大李杜"。李白爽朗大方，饮酒、作诗天下闻名，因此有"李白斗酒诗百篇"之称。

杜甫与李白相遇时，杜甫33岁，李白44岁。两人一见如故，谈诗论画，把酒临风，并相约同游梁宋之地。梁宋之游，是杜甫人生的第三次漫游。

唐代的宋州，也就是今天的商丘，周朝时为宋国，汉魏时为梁国。

开元盛世后，大唐盛行游侠之风。长安、洛阳等地，都是八方侠客洒脱逍遥的地方，游侠生活成了大唐诗歌一个新主题。

在李白的感召影响下，杜甫非常欣赏游侠生活，乐于像游侠一样求仙访道。

天宝三年秋，杜甫与李白约定，一起到梁州、宋州一带去采折瑶草。

瑶草是汉族神话传说中的仙草，如灵芝等，能医治百病，使人长生不老，药效非常神奇，是植物中的珍品。据说，王屋山上就生长着这种神奇的瑶草。

王屋山位于山西咸阳和河南济源之间，东依太行，西接中条，北连太岳，南临黄河，是中国古代九大名山之一，也是道教十大洞天之首，为道教主流全真派圣地。

杜甫与李白乘舟渡过滔滔的黄河，登上王屋山，十分虔诚地去参拜道士华盖君，实现求仙访道的夙愿，以求达到超世脱俗的境界。华盖君是一位德高望重的道士，长期住在王屋山上，山上的华盖峰就因这位道士而得名。

但令人遗憾的是，他们到了王屋山时，才知华盖君已经羽化升天。望着茫茫大山，两人感到十分落寞。后来，杜甫在《昔游》一诗中这样写道：

> 昔谒华盖君，深求洞宫脚。玉棺已上天，白日亦寂寞。
> 暮升艮岑顶，巾几犹未却。弟子四五人，入来泪俱落。
> 余时游名山，发轫在远壑。良觌违夙愿，含凄向寥廓。
> 林昏罢幽磬，竟夜伏石阁。王乔下天坛，微月映皓鹤。
> 晨溪向虚驶，归径行已昨。岂辞青鞋胝，怅望金匕药。
> 东蒙赴旧隐，尚忆同志乐。休事董先生，于今独萧索。
> 胡为客关塞，道意久衰薄。妻子亦何人，丹砂负前诺。
> 虽悲鬓发变，未忧筋力弱。扶藜望清秋，有兴入庐霍。

当年，杜甫与李白游览了著名的梁园，登上了汉高祖刘邦曾藏匿过的芒砀山。他们还登上位于扬州瘦西湖公园内的吹台，透过吹台园洞，五亭桥和高高的白塔映入眼帘。

一次，傍晚寒风中，他们登上宋州以北的单父琴台。

琴台又名伯牙台，位于汉阳龟山西麓，月湖东畔，是为纪念俞伯牙弹琴遇到知音钟子期而修建的纪念性建筑。高山流水遇知音的千古绝唱，就发生在这里。

那时候的宋州，是一个繁荣兴旺又充满豪侠气息的城市。宋州人口稠密，街道宽广，楼台高达，有来自四面八方的游客。当地人好客仗义，嫉恶如仇，路见不平，拔刀相助。他们恩怨分明。为了报仇，可以在闹市杀人；为了报恩，可以为其赴汤蹈火，倾其所有。这样的侠气氛围，让两位诗人激情四溢，热血沸腾。

后来，杜甫在《遣怀》中也曾描写过他的游侠生活。

昔我游宋中，惟梁孝王都。名今陈留亚，剧则贝魏俱。
邑中九万家，高栋照通衢。舟车半天下，主客多欢娱。
白刃雠不义，黄金倾有无。杀人红尘里，报答在斯须。
忆与高李辈，论交入酒垆。两公壮藻思，得我色敷腴。
气酣登吹台，怀古视平芜。芒砀云一去，雁鹜空相呼。
先帝正好武，寰海未凋枯。猛将收西域，长戟破林胡。

这种生活固然洒脱，但却脱离实际，似乎有些不食人间烟火。当时，连尧舜、孔丘这样的历史人物，在杜甫和李白的眼里都不足为奇。

杜甫与李白游梁宋时，又遇到了唐朝的另一位著名诗人高适。杜甫漫游吴越时，就曾与高适相识，且情趣相投，交情颇深。他乡遇故知，杜甫的心情格外高兴。于是，杜甫、李白、高适三人同游梁宋。

三人中，杜甫最小，名气也没有李白、高适那样大。高适因早些年创作的边塞诗《燕歌行》，在诗坛上早已名声大振。李白更是佳作无数，名扬天下。

虽然李白和高适的才华极高，但与年龄小得多的杜甫交往，仍然感到很高兴。这三个人都是满腹才华，才华横溢；都是怀才不遇、功名不显。所以，一路上总有说不尽的共同语言。

三位风度翩翩的公子哥互诉衷肠，开怀畅饮，放马驰骋，呼鹰逐兔，度过了一段逍遥烂漫的大好时光。

几位诗人在一起开怀畅饮时，更多谈论国家社稷、边关战事等问题，忧国忧民。他们认为玄宗好大喜功，边关将领夸大战绩，以博取皇上欢心，往往占领很小的一块地方，就要用上百条生命去换取。虽然此时国库也还充实，但隐隐感到一种潜在的危机。杜甫在《惜游》中这样写道：

幽燕盛用武，供给亦劳哉。

吴门转粟帛，泛海陵蓬莱。

李白也写下了《战城南》一诗，抒发反对侵略战争，忧国忧民之情。

战城南，死郭北，野死不葬乌可食。

为我谓乌：且为客豪！

野死谅不葬，腐肉安能去子逃？

水深激激，蒲苇冥冥；

枭骑战斗死，驽马徘徊鸣。

梁筑室，何以南？何以北？

禾黍不获君何食？愿为忠臣安可得？

思子良臣，良臣诚可思：

朝行出攻，暮不夜归！

兖州辞别，笔落诗成惊风雨

唐玄宗天宝四年（745 年），杜甫与李白、高适结束了梁宋的漫游后，三人在洛阳作别。之后，具有仙风道骨的李白去了齐州紫极宫簪髻入道，成为一个名副其实的道士。边塞诗人高适到南方继续漫游，书写他的边塞诗篇。

与李白、高适作别后，杜甫又去拜访了北海太守李邕。"北海"指的是北海郡，主要指山东地区，大体位置是今天的潍坊、泰安一带。

李邕（678 年—747 年），即李北海，也称李括州，唐代书法家。字泰和，汉族，扬州江都（今属江苏）人。李邕少年即成名，能诗善文，尤擅长行楷书，变王羲之法，笔法一新，一生共为人写了八百篇碑颂，名重一时。后召为左拾遗，曾任户部员外郎、括州刺史、北海太守等职，人称"李北海"。他为人耿直磊落，不畏权贵，屡遭贬谪。晚年在北海太守任上遭人暗算，被宰相李林甫定罪下狱，又被酷吏活活打死。

李邕年长杜甫 30 多岁。在杜甫年少时，李邕就想与他谋面。对此，杜甫感到无上荣光。

唐玄宗天宝四年（745）夏天，已经 68 岁高龄的李邕，从北海赶到齐州（今山东省济南市），不顾自己年高体迈，与杜甫一起游览了历下亭。他们在碧波环抱的古历下亭设宴雅集，纵饮畅谈，说古论今。当时，参加这次盛会的还有蹇处士、李之芳等人。诗人幸会，自然不能无诗。于是，杜甫即兴写下了著名的《陪李北海宴历下亭》：

> 东藩住皂盖，北渚临清河。海右此亭古，济南名士多。
>
> 云山已发兴，玉佩仍当歌。修竹不受暑，交流空涌波。
>
> 蕴真惬所遇，落日将如何？贵贱俱物役，从公难重过！

诗中的东藩、李北海均指李邕。北海在京师之东，故称东藩。诗中赞美了济南的名士风流和秀丽景色，也表达了朋友之间的深厚友情。

而这年秋天，李白回到家乡兖州，相约与杜甫重逢。高兴之余，杜甫写了一首《赠李白》：

> 秋来相顾尚飘蓬，未就丹砂愧葛洪。
>
> 痛饮狂歌空度日，飞扬跋扈为谁雄。

诗中杜甫仅仅用了二十八个字，就把李白的风采、气度、品格，刻画得淋漓尽致。

这次相逢，他们一起到蒙山拜访了道士黄炼诗和元逸人，到荒郊野岭中寻访会晤老朋友范隐士。他们携手同游，把酒临风，甚至同眠共枕，无话不说，感情倍增。

深秋时节，杜甫就要离开李白，准备到长安去应试。重逢的欢愉还没有散去，就即将又要分离，两位诗人难免有些感伤。于是，李白写下了《鲁郡东石门送杜二甫》：

> 醉别复几日，登临遍池台。何时石门路，重有金樽开。

秋波落泗水，海色明徂徕。飞蓬各自远，且尽手中杯。

李白将杜甫称为"杜二甫"，是因为杜甫列他之后排行第二，故称他为杜二甫。这首诗，充满了李白对杜甫依依惜别的深情。

从此，杜甫与李白两位伟大的诗人天各一方，此生再无缘相聚。

在李白的人生中，结交了无数达官显贵和诗词大家，但对杜甫的思念与赞美与日俱增，称杜甫为"白也诗无敌""笔落惊风雨"。

李白被放逐后，杜甫写了不少思念李白的诗，《寄李十二白二十韵》就是其中的一首：

昔年有狂客，号尔谪仙人。笔落惊风雨，诗成泣鬼神。

声名从此大，汩没一朝伸。文采承殊渥，流传必绝伦。

龙舟移棹晚，兽锦夺袍新。白日来深殿，青云满后尘。

乞归优诏许，遇我宿心亲。未负幽栖志，兼全宠辱身。

剧谈怜野逸，嗜酒见天真。醉舞梁园夜，行歌泗水春。

才高心不展，道屈善无邻。处士祢衡俊，诸生原宪贫。

稻粱求未足，薏苡谤何频。五岭炎蒸地，三危放逐臣。

几年遭鵩鸟，独泣向麒麟。苏武先还汉，黄公岂事秦。

楚筵辞醴日，梁狱上书辰。已用当时法，谁将此义陈。

老吟秋月下，病起暮江滨。莫怪恩波隔，乘槎与问津。

因李白在同辈排行第十二，所以杜甫称他为"李十二白"。

这是一篇"惊风雨""泣鬼神"的传世杰作。第一段，从"昔年有狂客"到"青云满后尘"。追述李白于唐玄宗开元十八年（730 年）和天宝元年（742 年）两次入长安的经历，对李白的前半生做了高度的概括。同时，对李白诗歌的艺术成就进行了热情的赞颂。

第二段，从"乞归优诏许"到"诸生原宪贫"。追叙李白于天宝三年（744年）春被赐金放还后，南北漫游、潦倒落魄的情景，并回忆自己在与李白相识交往的过程中，建立起来的亲如兄弟的深厚感情。

第三段，从"稻粱求未足"到"谁将此义陈"。着重记述李白长流夜郎前后的经历，篇幅寄慨最深，为全篇重点。安史之乱起，李白求仕不得，报国无门，于唐肃宗至德元年（756年）秋隐居庐山。

最后四句是结束语。诗人称赞李白在垂老之年，仍吟咏不辍，祝愿他早日"病起"，为人间多作好诗。诗人还劝李白不要抱怨没有得到皇帝的恩泽，表示自己要设法向朝廷探明究竟。这是在无可奈何中的安慰之词，让老朋友在困境中感受一点人间的温暖。

在这首诗中，杜甫对李白晚年的不幸遭遇辩护申冤，并对他不平凡的一生热情称颂。诗中竭力称赞李白的才华，表达了对他的深厚友谊，也流露出对统治者不公平对待李白这样一位奇才的不满。

此诗对仗工稳，辞藻富丽，用典精当。在杜甫的一百二十多首五言排律中，无论在思想性还是在艺术性方面，均不失为一首上乘之作。

"笔落惊风雨，诗成泣鬼神"这两句，历来被人们看成是描写李白的佳句。诗人以高度夸张的手法，盛赞了李白诗歌强大的艺术魅力。落笔能惊动狂风暴雨，说明李白的诗歌气势磅礴；诗成能使鬼神哭泣，说明李白的诗歌感人肺腑。诗人用精妙的语言赞美了李白的旷世才华，从这里可以看出杜甫对李白的推崇和钦敬。

"笔落惊风雨，诗成泣鬼神"又何尝不是杜甫本人的艺术写照呢。

第三章

困居长安命运多舛

谋求官职，奸相操纵再落选

唐玄宗天宝五年（746年）深秋，杜甫从洛阳来到京城长安。当时，长安浪漫游乐的风气尚未过去，汉中王府、郑驸马府等达官贵人的宅第，都向他敞开大门。可见杜甫已经名声大震，誉满京城。

这次来到长安，杜甫的主要目的还是参加科举考试，以谋取官职，从而出人头地，光宗耀祖。

经过十多年的沉淀和刻苦学习，以"读书破万卷，下笔如有神"闻名的杜甫，无论是学识还是社会阅历，都达到了一定的高度。为此，他对参加天宝六年的科考信心满满，甚至自认为金榜及第如探囊取物一般。

天宝六年（747年），唐玄宗李隆基颁发一道诏书，宣告天下：凡是在文学艺术方面有特长的学子，都可到京师长安参加应试，不限制考生年龄与来源。

而以往，参加进士考试的考生年龄，要在18周岁以上，考生来源也大概有四个方面：一为"生徒"，二为"乡贡"，三为自学成才的考生，四为名士推荐的"非常之才"。

没了这些明文规定，那些饱读诗书、满腹经纶的才子，无不深感玄宗皇帝的皇恩浩荡及任人唯贤，都满怀信心，跃跃欲试。

其实，已经做了 35 年皇帝的李隆基，面对海内升平，国家富庶繁荣，人民安居乐业的大好形势，早已失去了当年励精图治的精神，沉迷于迷信道教、后宫声色之中，骄奢无度，不问朝政。朝中大权，都掌控在宰相李林甫手中。

李林甫为唐玄宗李隆基时期的大奸臣，妒贤忌能，阴险奸诈。他出身于李唐宗室，是李渊叔伯兄弟李叔良的曾孙。李林甫无才无德，但会机变，善钻营，是一个口有蜜而腹有剑的阴险之徒。

李林甫担任宰相十九年，是玄宗时期在位时间最长的宰相。他大权独握，蔽塞言路，排斥贤才，导致纲纪紊乱，他还建议重用胡将，酿成安史之乱。玄宗晚年政治腐败，唐朝由盛转衰，李林甫罪不可恕。

据《新唐书·李林甫传》中记载，李林甫曾对朝中大臣说过这样一句话："明主在上，群臣将顺不暇，亦何所论？君等独不见立仗马乎，终日无声，而饫三品刍豆；一鸣，则黜之矣。后虽欲不鸣，得乎？"意思是说，做臣下的，不要那么多嘴多舌，没见那些仪仗马吗？一言不发却享受三品的马料，而叫一声就被废斥不用，到那时候，后悔都来不及了。

大臣们听了李林甫的"马料论"后，果然都变得乖了，史称"由是谏诤路绝"。后来，人们都把李林甫的"马料论"当成"官场箴言"来读，殊不知他并不是在给众人传授做官保官升官的经验之谈，而是对不顺从他的官员以疾言厉色的威胁。他之所以能够独断朝纲，很大程度上就因为他能想方设法使群臣噤声。

李林甫身为宰相，必然把持着选干部、用人才的大权。他用干部不看德能勤绩，只看是否忠心不二、死心踏地地站在他这条线上。对于正直之士、不与他同流合污的人，一概都想办法铲除。其中，张九龄、贺知章、严挺之、李白、李邕等有志之士，都因种种原因遭到李林甫的排挤或暗杀。

天宝六年的科考，就是在李林甫的一手操纵下举行的。结果，出人意料的是，所有考生竟然没有一人被录用。李林甫不予录取的理由是："草野之士猥多、恐有俚言、污浊圣听。"同时，李林甫为了掩盖自己的恶劣行径，又表贺皇帝"野无遗贤"。而听了李林甫的表贺后，整天沉迷于后宫声色之中的李隆基，对"野无遗贤"信以为真，心里感到非常高兴。

在这种历史背景之下，杜甫当然成为落选者之一。

与杜甫同时落选的，还有河南鲁山诗人元结。元结，字次山，号漫郎、聱叟。后来，元结于唐玄宗天宝十二年（753年）进士及第。安禄山反唐时，元结率族人避难猗玗洞（今湖北省大冶市境内），因而自号猗玗子。唐肃宗乾元二年（759年），元结任山南东道节度使史翙幕参谋，招募义兵，抗击史思明叛军，保全十五城。唐代宗时，元结任道州刺史，调容州，加封容州都督充本管经略守捉使，政绩颇丰。唐代宗大历七年（772年），元结入朝，同年卒于长安。

元结的一生著有元子十卷、文编十卷、《新唐书·艺文志》猗玗子一卷和《文献通考》，并流传于世，他所编的诗选《箧中集》也依然尚存。

就是这样的一位才子，在天宝六年的科考中一样落第。当时，元结在《喻友》中，指名道姓地控诉了李林甫玩弄权术，压制人才的罪行，可谓实名举报，有理有据。

杜甫虽身受李林甫其害，自然悲愤难平。但他胆小怕事，到了天宝十一年（752年），他才写了一首《奉赠鲜于京兆二十韵》，来表达对李林甫的不满。而李林甫天宝十二年（753年）故去后，这首诗才得已公开。诗中写道：

王国称多士，贤良复几人？异才应间出，爽气必殊伦。

始见张京兆，宜居汉近臣。骅骝开道路，雕鹗离风尘。

侯伯知何算，文章实致身。奋飞超等级，容易失沈沦。

脱略蟠溪钓，操持郢匠斤。云霄今已逼，台衮更谁亲？

凤穴雏皆好，龙门客又新。义声纷感激，败绩自逡巡。

途远欲何向，天高难重陈。学诗犹孺子，乡赋忝嘉宾。

不得同晁错，吁嗟后郄诜。计疏疑翰墨，时过忆松筠。

献纳纡皇眷，中间谒紫宸。且随诸彦集，方觊薄才伸。

破胆遭前政，阴谋独秉钧。微生沾忌刻，万事益酸辛。

交合丹青地，恩倾雨露辰。有儒愁饿死，早晚报平津。

科举落第后，杜甫依然周旋在长安达官显贵之间。这些达官显贵，有杜甫的姑表兄，当时担任工部侍郎之职；有他的堂弟，当朝宰相李林甫的女婿；有他的河南偃师同学，在朝廷担任宰相房管；有杜家世交严挺之的儿子严武，时为御史大夫、礼部侍郎、剑南节度使等要职；有杜甫漫游吴越时结交的朋友苏源明，时任国子监司业、秘书少监；还有唐玄宗的亲侄子汝阳王李琎……

李琎是天宝五年（746年）杜甫进京献求职信时结识时，杜甫的《饮中八仙歌》就是和李琎等人豪饮所作：

知章骑马似乘船，眼花落井水底眠。

汝阳三斗始朝天，道逢曲车口流涎，

恨不移封向酒泉。左相日兴费万钱，

饮如长鲸吸百川，衔杯乐圣称避贤。

宗之潇洒美少年，举觞白眼望青天，

皎如玉树临风前。苏晋长斋绣佛前，

醉中往往爱逃禅。李白斗酒诗百篇，

脱帽露顶王公前，挥毫落纸如云烟。

长安市上酒家眠，天子呼来不上船，

自称臣是酒中仙。张旭三杯草圣传，

焦遂五斗方卓然，高谈雄辩惊四筵。

这首诗提到的贺知章、李琎、李适之、崔宗之、苏晋、李白、张旭、焦遂等八位酒仙，都是生活在长安豪放旷达的社会名流。诗中的"天子呼来不上船，自称臣是酒中仙"一句，更是广为流传，堪称千古绝唱。

进献礼赋，玄宗诏征空欢喜

在唐玄宗天宝六年（747年）的进士考试中，由于大奸臣李林甫操纵，杜甫再次落第。但他仍不甘心，总是在努力寻求为官就职的机遇。

唐玄宗是中国历史上著名的崇奉道教的皇帝。在他44年的皇帝生涯中，自始至终都崇奉道教，从而把道教推向全面发展的繁荣时代。他在祈求万寿无疆的同时，也在祈求天下太平和国祚长久。

天宝九年（750年）的一天，有个叫王玄翼的道士神秘地对唐玄宗说：我见到轩辕黄帝老子了，并在宝仙洞里发现一本秘笈，叫《庙宝真符》。玄宗一听，马上派张筠去找，结果真的找到了。为了庆祝找到《庙宝真符》，玄宗准备在长安南郊举行隆重的大祭。

天宝十年（公元751年）正月初八到初十，唐玄宗在长安南郊连续三天举行三个祭祀盛典，以此来祭祀玄元皇帝、太庙、天地。

杜甫觉得，大典期间是他展现诗赋才华的大好机会。于是，他写了《三大礼赋》，献给玄宗李隆基。这《三大礼赋》分别是《朝献太清宫赋》《朝享太庙赋》和《有事于南郊赋》。

看到杜甫献上的《三大礼赋》，唐玄宗十分赞赏。对此，杜甫在《赠别崔于二学士》记载说："气冲星象表，词感帝王尊。"《新唐书·杜甫传》

里也记载说："帝奇之，使待至集贤院，名宰相试文章。"

于是，在崔国辅、于休烈等集贤学士的赏识举荐下，杜甫获得了参加集贤院考试的机会。显然，这是杜甫命运的一个转机，成为他日后津津乐道的一件事情。

杜甫在一天内名声大噪，轰动京城。考试时，集贤院的学子们围着观看杜甫秉笔华章，让杜甫倍感荣幸。时隔多年后，当杜甫回忆起当年的荣耀，依然历历在目，心潮激荡。他在《壮游》中这样写道："天子废食召，群公会轩裳。"意思是说，当时皇上不用膳来召见他，见而奇之，众贤士纷纷前来观看，自豪之情尽在其中。

此事杜甫在《莫相疑行》中也再次提及：

> 男儿生无所成头皓白，牙齿欲落真可惜。
>
> 忆献三赋蓬莱宫，自怪一日声辉赫。
>
> 集贤学士如堵墙，观我落笔中书堂。
>
> 往时文彩动人主，此日饥寒趋路旁。
>
> 晚将末契托年少，当面输心背面笑。
>
> 寄谢悠悠世上儿，不争好恶莫相疑。

杜甫用笔大起大落，跌宕生姿。对于世态炎凉的洞观和对于疑忌他轻贱他的愤懑，都掬出纸上。"当面输心背面笑"一语，用以刻画心口不一而又故作姿态的人物嘴脸，十分传神。

可这次招征的结果，只是昙花一现。

这次玄宗皇帝亲点、宰相出题、众贤士围观的杜甫的试卷，被送到李林甫那里后，李林甫连看都没看一眼，随手就扔掉了。他自言自语道：既然野无遗贤，又怎么可以又遗漏你杜甫呢？

杜甫哪里知道会是这样的结果呢？他满怀喜悦和期望，等待天大的喜讯降临。

等到第二年春天，结果出来了，招试通过，但只是说他"名实相副，送隶有司，参列选序"。也就是说，只给了杜甫一个候选官吏的资格，有了做官的可能。至于何时上任，还需耐心等待时机。

杜甫不甘从此消沉，相信凭借自己的博学多才，一定可以出人头地。

为了早日上任，杜甫在无可奈何的等待之中，于天宝十三年（754年），接连写了两篇文章进献，就是《封西岳赋》和《雕赋》。在这两篇进表里，杜甫把自己的生活写得十分凄凉，表达他渴望仕进，为朝廷效力的心情。写得生动真切，感人至深，可谓用心良苦。但文章没再引起足够的重视和轰动。

这期间，杜甫分别给张翰林、京兆尹鲜于仲通、河西节度使哥舒翰、左丞相韦见素、驸马崔惠童等人投过求职诗函。他相信，如果这些人中有任何一位举荐他，他都可以谋得一份职务。但是，他实在是枉费心机。为此，杜甫在《奉赠韦左丞丈二十二韵》一诗中这样写道：

纨绔不饿死，儒冠多误身。丈人试静听，贱子请具陈。

甫昔少年日，早充观国宾。读书破万卷，下笔如有神。

赋料扬雄敌，诗看子建亲。李邕求识面，王翰愿为邻。

自谓颇挺出，立登要路津。致君尧舜上，再使风俗淳。

此意竟萧条，行歌非隐沦。骑驴三十载，旅食京华春。

朝扣富儿门，暮随肥马尘。残杯与冷炙，到处潜悲辛。

在这首诗中，杜甫直指用人环境的不合理，他认为这是一个小人得志而才志之士被埋没的时代。

　　杜甫自认他才华可以跟扬雄、曹植等人相媲美，当朝的大文人李邕和王翰都愿意跟他交往，于是，杜甫非常自负地向世人宣称："自谓颇挺出，立登要路津。"但杜甫空怀一身的才智，无法施展自己的抱负，反而落到一个极其悲惨的境地：三十多岁了，在名利场里努力奋争，依然过着无比艰辛的生活，早上敲着富贵人家的门，晚上跟在富贵人家的大肥马后面，希望能得到权贵的赏识。政治上没有着落，生活条件也十分艰辛，终日吃他人吃剩的残羹冷炙。面对这样残酷的现实，杜甫也不能不发出"到处潜悲辛"的感叹。虽然杜甫的生活还没有马上陷入困顿不堪的境地，但是在心态上，在精神状态上，却已经是近乎崩溃的边缘。这种悲凉的心境就是这次考试遭受失败后造成的。他的人生目标太高，而社会又没有提供给他这样的平台，从而造成高峻的人格与残酷的社会现实之间的冲突，并引发由于理想不能实现而造成的无穷无尽的烦恼与喟叹。

　　但是，进士落第的挫败，并不能成为杜甫停止奋斗的理由，也不会成为他人生追求的终点。他的个性其实是非常孤傲、倔犟的。在经历科考失败后，他仍然继续努力，发奋读书，不停写诗，准备参加难度更大的制举考试，这也正显现了杜甫恃才傲物的一面。这一面，往往不为世人所知，却也恰恰是他那个引以为荣的家族给他的骄傲。

陷入窘境，京华冷炙潜悲辛

为了谋求官职，出人头地，杜甫于唐玄宗天宝五年（746年）深秋来到长安后，一直过着居无定所漂泊不定的日子，长期与妻儿分居，思念之情自然无以言表。

天宝十年（751年），杜甫在朋友的资助下，在长安南郊的少陵原上盖了几间房子。人们在房子东侧，修建了一座以茅草作顶的碑亭。

后来，人们为了纪念杜甫，在碑亭内立了一块石碑，石碑上面镌刻了"少陵草堂"四个大字。这四个字，是康熙第十七子果亲王允礼所题，足见笔力浑厚，笔姿秀润。

杜甫曾居住在长安的杜陵。杜陵在长安城东南，古为杜伯国，秦设杜县，汉宣帝在此筑陵，因此改名杜陵。在杜陵东南十余里有一个小陵，亦称少陵，汉宣帝刘询的第一位皇后许平君就葬在这里。因此，后人亦称杜甫为杜少陵，杜甫草堂为少陵草堂。少陵草堂的碑亭背靠荷花池，周围被生机盎然的花草竹木所环抱、掩映，景色秀雅宜人。

住进少陵的新居后，杜甫的生活才稳定下来，总算结束了客居他处，遭人鄙视的流浪生活。这时，杜甫已经40岁了，欣喜之情溢于言表，在诗中常自称杜陵布衣、少陵野老。

天宝十年（751年）春天，杜甫把夫人和孩子接到了身边，一家人终于得以团聚。

掐指一算，杜甫自唐玄宗开元二十九年（741年）与夫人杨氏结婚以来，已经分分合合了整整10年。被杜甫接到新居后，夫人杨氏喜形于色，儿子宗文、宗武在房前屋后、碑亭内外撒欢嬉戏，一家人其乐融融。

有了固定的住所后，新的问题又来了。由于杜甫迟迟没谋到官职，生活越来越拮据，出现了吃了上顿没下顿的状况，一家人饥一顿饱一顿地艰难度日。

杜甫的一位朋友到他的家里，见他的夫人杨氏一副寒酸相，就叫自己的夫人连夜送来一副头饰。杜甫在感激之余，也倍感心酸，便在《云仙杂记·夜飞蝉》写道："杜甫每朋友至，引见妻子。韦侍御见而退，使其妇送夜飞蝉，以助妆饰。"

可见，当初美貌如花的杨小姐落魄到这般情景，杜甫一家人的生活已经极其艰难。

天宝十年秋天，长安连下60多天大雨，造成房倒屋塌，土地流失，长安街头一片沼泽。杜甫寄宿的房舍门外积水很深，很多天都没有退去，以至于"多雨生鱼，青苔及榻"。他在自己的《秋述》之二一文中写道：

秋，杜子卧病长安旅次，多雨生鱼，青苔及榻。常时车马之客，旧雨来，今雨不来。昔襄阳庞德公，至老不入州府，而扬子云草《玄》寂寞，多为后辈所褒，近似之矣。呜呼！冠冕之窟，名利卒卒，虽朱门之涂泥，士子不见其泥，矧抱疾穷巷之多泥乎？子魏子独踽踽然来，汗漫其仆夫，夫又不假盖，不见我病色，适与我神会。我，弃物也，四十无位，子不以官遇我，知我处顺故也。子，挺生者也，无矜色，无邪气，必见用，则风后、力牧是已。于文章，则子游、子夏是已，

无邪气故也，得正始故也。噫！所不至于道者，时或赋诗如曹刘，谈
话及卫霍，岂少年壮志，未息俊迈之机乎？子魏子，今年以进士调选，
名隶东天官，告余将行。既缝裳，既聚粮，东人怅惘，笔札无敌，谦
谦君子，若不得已。知禄仕此始，吾党恶乎无述而止。

文章的意思是说，唐朝诗人杜甫在京城长安闲居时，曾受到唐玄宗的
赏识，这时一些人认为杜甫的前途不可限量，所以都争着和他拉关系交朋
友。随着杜甫做官的消息越来越沉寂，那些曾巴结讨好他的"朋友"便不
再和他来往了。因此，杜甫的心中五味杂陈。

屋漏偏遭连夜雨。天宝十三年（754年）秋天，本来就营养不良、体
弱多病的杜甫又染了疟疾，大病了100多天，人甚至瘦得皮包骨头了。过
去与他喝酒唱歌的那些富豪朋友，在他患难之时已经躲得无影无踪。幸亏
有个叫王倚的普通朋友，把大病初愈的杜甫接到家中调理。面对残酷的现
实，杜甫在《病后遇王倚饮赠歌》中写道：

麟角凤觜世莫识，煎胶续弦奇自见。

尚看王生抱此怀，在于甫也何由羡。

且遇王生慰畴昔，素知贱子甘贫贱。

酷见冻馁不足耻，多病沈年苦无健。

王生怪我颜色恶，答云伏枕艰难遍。

疟疠三秋孰可忍，寒日百热相交战。

头白眼暗坐有胝，肉黄皮皱命如线。

惟生哀我未平复，为我力致美肴膳。

遣人向市赊香粳，唤妇出房亲自馔。

长安冬菹酸且绿，金城土酥静如练。

兼求富豪且割鲜，密沽斗酒谐终宴。

故人情义晚谁似，令我手脚轻欲漩。

老马为驹信不虚，当时得意况深眷。

但使残年饱吃饭，只愿无事常相见。

"但使残年饱吃饭，只愿无事长相见"一句说的是：我老了，再也没有别的心愿了，只希望能够吃顿饱饭，闲来无事的时候，和老友常常见个面。真是凄凄惨惨戚戚。

家里断了经济来源。他只好在一些贵族府邸中充当"宾客"，陪他们饮酒赋诗，靠他们的一点施舍来维持生计。在最困难的日子里，他甚至上山采药，换取"药价"，这就是他后来说的"卖药都市，寄食友朋"。

尽管如此，杜甫也难免饥寒交迫。他明知干谒可耻，也不得不向一些达官贵人投诗乞怜。在《奉赠韦左丞丈二十二韵》里，他满含辛酸地写下了这种生活的情状："朝扣富儿门，暮随肥马尘。残杯与冷炙，到处潜悲辛。"

仅仅 20 个字，道出文人多少无奈和心酸。

天宝十一年（752 年），杜甫作了一首《贫交行》：

翻手为云覆手雨，纷纷轻薄何须数。

君不见管鲍贫时交，此道今人弃如土。

诗的开篇"翻手为云覆手雨"，就给人一种势利之交的感觉。得意时的趋合、失意时的纷散，翻手覆手之间，忽云忽雨，其变化迅速无常。只起一语，道尽千古世态。"翻云覆雨"的成语，就出在这里。首句不但凝练、生动，统摄全篇，而且在语言上极富创造性。

在长安城南郊，杜甫有个族孙，名叫杜济，日子过得比较殷实。为了能够叨扰一顿饭吃，杜甫偶尔去杜济家里走动走动。每见杜甫前来，族孙杜济都表现得很不情愿。虽然嘴上不说什么，但总是故意弄点声响给杜甫听。例如打井水淘米，使劲摆动水桶，把一井的水都搅浑了。到园中砍菜，挥舞着砍刀赌气似的胡乱砍一气。为此，杜甫悲从心起，万分感慨，特作了一首《示从孙济》：

> 平明跨驴出，未知适谁门。权门多噂沓，且复寻诸孙。
>
> 诸孙贫无事，宅舍如荒村。堂前自生竹，堂后自生萱。
>
> 萱草秋已死，竹枝霜不蕃。淘米少汲水，汲多井水浑。
>
> 刈葵莫放手，放手伤葵根。阿翁懒惰久，觉儿行步奔。
>
> 所来为宗族，亦不为盘飧。小人利口实，薄俗难可论。
>
> 勿受外嫌猜，同姓古所敦。

此时，大名鼎鼎的杜甫遭遇达官贵族的冷遇也就算了，却同样遭受了同祖同宗族人的白眼，可叹世态炎凉和人情冷暖。

投送简历，八品闲职得慰藉

在四十五岁之前，杜甫一直没有正式担任过什么官职。虽然他的目标一直就是为了考取功名，为君王解忧，为百姓谋福，光宗耀祖，干一番大事业，但他的伟大抱负，却总是难以实现。他空有满腹经纶，除了写诗还是写诗，有时候甚至还会流落街头。

杜甫在二十三岁时，就参加人生第一场科举考试。不幸落第后，他就开始了漫长的吴越、齐赵之游。

三十五岁的时候，杜甫听闻长安招贤纳士，便踌躇满志地进京赴考。但是，却偏偏遭遇了李林甫"野无遗贤"的打击。面对奸相李林甫，即便杜甫有天大的本事，也不可能被录用。因此，杜甫再次失去入朝为官的机遇，可谓是明珠投暗。

而后，杜甫有幸作《三大礼赋》得唐玄宗赏识，破例参加了集贤院考试。但只是获取一个候选官吏的资格，迟迟没有结果。

之后，杜甫客居长安十年，期间屡次献文献诗以求得到赏识重用。但一次次投递，一次次落空。

唐玄宗天宝十年（751年）那场特大的洪水过后，长安物价暴涨，人心惶惶。有的人家为了换取一点粮食，甚至把御冬的被褥都卖掉了。此后，杜甫一家人在长安的日子堪称饥寒交迫，举步维艰。他索性把家门反锁，让孩子们在泥泞的庭院玩耍。看到实在维系不下去了，他便把夫人和孩子送往奉先（今陕西省蒲城县境内）投亲靠友，因为时任奉先令是杨氏的族亲。而杜甫只身留在长安，继续奔波打拼。

在长安漂泊的日子里，杜甫对朝廷的腐败、唐玄宗的昏庸无度与奢侈淫乱看得越来越清晰。天宝十二年（753年）春天，杜甫路过骊山，看到了金碧辉煌的华清宫。他知道，当朝皇上就在那里，与杨贵妃及其兄妹歌舞升平，挥霍无度，尽享荣华富贵，对人民的痛苦置若罔闻。于是，他奋笔疾书写下了不朽名篇《丽人行》：

三月三日天气新，长安水边多丽人。

态浓意远淑且真，肌理细腻骨肉匀。

绣罗衣裳照暮春，蹙金孔雀银麒麟。

头上何所有，翠微盍叶垂鬓唇。

背后何所见，珠压腰衱稳称身。

就中云幕椒房亲，赐名大国虢与秦。

紫驼之峰出翠釜，水晶之盘行素鳞。

犀箸厌饫久未下，鸾刀缕切空纷纶。

黄门飞鞚不动尘，御厨络绎送八珍。

箫鼓哀吟感鬼神，宾从杂沓实要津。

后来鞍马何逡巡，当轩下马入锦茵。

杨花雪落覆白蘋，青鸟飞去衔红巾。

炙手可热势绝伦，慎莫近前丞相嗔。

诗中通过描写杨氏兄妹曲江春游的情景，揭露了统治者荒淫无度、奢侈豪华的腐朽生活，侧面反映了唐玄宗的昏庸和朝政的腐败。

前十句，描写了三月三日上巳节长安曲江水边踏青的丽人如云，体态娴雅，姿色优美，衣着华丽。而且具体写了丽人中的虢、秦、韩三人，她们器皿雅致，肴馔精美。

后三句，写杨国忠之炫赫，意气骄恣，势焰熏灼。

全诗语极铺排，富丽华美中蕴含清刚之气。虽然不见讽刺的语言，但在惟妙惟肖的描摹中，隐含犀利的匕首，讥讽入木三分。

腐朽的宫廷生活，更加激起杜甫对广大人民的深切同情。

夜深人静时，杜甫面对昏暗的烛光，写下了一封又一封的求职信，投给很多他以为能够举荐他的人，渴望得到一份差事，为朝廷出一份力，为人民做点事情。

在他投送简历和诗篇的人当中，左丞相韦济起了重要作用。

唐玄宗天宝十四年（755年），朝廷一纸任命，给杜甫补了一个河西尉的小官，即县尉，从九品，相当于现在的公安局长或刑警队长等职务，专管衙役、捕快。当时，大凡有点良心的人，都干不了县尉这等差事。边塞诗人高适在担任封丘县尉时，就写了一首《封丘作》，其中有这样几句：

> 我本渔樵孟诸野，一生自是悠悠者。
>
> 乍可狂歌草泽中，宁堪作吏风尘下？
>
> 只言小邑无所为，公门百事皆有期。
>
> 拜迎长官心欲碎，鞭挞黎庶令人悲。
>
> 归来向家问妻子，举家尽笑今如此。
>
> 生事应须南亩田，世情尽付东流水。
>
> 梦想旧山安在哉，为衔君命且迟回。
>
> 乃知梅福徒为尔，转忆陶潜归去来。

诗中不难看出，朝廷的腐败，是县尉之职的无奈与悲哀。

高适出身寒门，年轻时郁郁不得志。早年，与杜甫相识于吴越之游。他深刻了解民间疾苦，对下层劳动人民深切同情。天宝八年（749 年），高适将近 50 岁时，才因宋州刺史张九皋的推荐，中"有道科"。中第后，却只得了个封丘县尉的小官，为此，他大失所望。《封丘作》一诗，就是诗人任封丘县尉时所作，创作时间在天宝九年（750 年）秋至天宝十年（751 年）春，期间高适在封丘任上送兵到蓟北。

一向忧国忧民的杜甫，怎么能够重蹈高适的旧辙，去逢迎贪官污吏、鞭打劳苦大众呢？尽管贫寒，尽管年过四旬，尽管还没有一份稳定的工作，但杜甫怎么可能摧眉折腰。这份来之不易的河西县尉，被杜甫断然拒绝。

于是，朝廷改任杜甫为右卫率府兵曹参军。右卫率府兵曹参军，是看守兵甲仗器、库府锁匙的一个小吏，从八品，被军爷们呼来唤去，开门锁门，仅此而已。

一个饱读诗书、出口成章的大诗人，一个心怀国家社稷、人民冷暖的有志之士，所等来的就是这样一份差事。

这一年，杜甫已经在长安漂泊十年有余，饱尝人情冷暖，阅尽世态炎凉，对朝廷的腐败，圣上的昏庸荒淫心知肚明，他更加晓得右卫率府兵曹参军这份差事本没有什么作为。但杜甫想到家中的妻儿等米下锅，等钱添衣，不得不为了生计接受了这个所学无用之职。

聊以慰藉的，是这份差事比较清闲，可以在门前喝喝酒，品品茶，也可以在仓库里读读书，写写诗文。而所得的俸禄，仅仅能够养家糊口。

杜甫正式上任之后，决定去奉先（今陕西省蒲城县）省亲，看望一下寄居在那里的妻子和那几个又可爱又懂事的孩子。

奉先省亲，忧愁漫过终南山

唐玄宗天宝十四年（755年）十一月，有一天后半夜，杜甫顶着漫天星斗从长安出发，赶往夫人杨氏的族亲家。那个时节，长安已是百草凋零，寒风瑟瑟。单薄的长袍，裹着杜甫瘦弱的身躯，一路手脚都冻僵了。当他踏进杨氏族亲家门的那一刻，就听到了妻子呼天喊地、悲痛欲绝的哭声。原来，家里已经好几天揭不开锅了，未满周岁的小儿子，被活活地饿死了。可怜的孩子，连名字都没来得及起呢！

得知儿子被饿死了，杜甫感到万分悲凉。娶了娇妻，做了人父，自己却连孩子都养活不起。面对如此贫寒的家境，杜甫回想起在长安漂泊近十年的辛酸与悲凉，以及沿途的所见所闻，忧心忡忡，他深深感到大唐盛世已经过去，大乱将至，危机四伏。如今，不知有多少穷苦人流离失所，有多少戍卒征战边关。杜甫的忧愁已经漫过终南山。终南山在长安郊外，又名太乙山、地肺山、中南山、周南山，是中国道文化、佛文化、孝文化、寿文化、钟馗文化、财神文化的发祥圣地，是中国重要的地理标志。

在万分悲凉与忧愁之中，杜甫写下了《自京赴奉先县咏怀五百字》一诗：

杜陵有布衣，老大意转拙。许身一何愚，窃比稷与契。

居然成濩落，白首甘契阔。盖棺事则已，此志常觊豁。

穷年忧黎元，叹息肠内热。取笑同学翁，浩歌弥激烈。

非无江海志，潇洒送日月。生逢尧舜君，不忍便永诀。

当今廊庙具，构厦岂云缺。葵藿倾太阳，物性固莫夺。

顾惟蝼蚁辈，但自求其穴。胡为慕大鲸，辄拟偃溟渤。

以兹误生理，独耻事干谒。兀兀遂至今，忍为尘埃没。

终愧巢与由，未能易其节。沉饮聊自遣，放歌破愁绝。

岁暮百草零，疾风高冈裂。天衢阴峥嵘，客子中夜发。

霜严衣带断，指直不得结。凌晨过骊山，御榻在嵽嵲。

蚩尤塞寒空，蹴蹋崖谷滑。瑶池气郁律，羽林相摩戛。

君臣留欢娱，乐动殷樛嶱。赐浴皆长缨，与宴非短褐。

彤庭所分帛，本自寒女出。鞭挞其夫家，聚敛贡城阙。

圣人筐篚恩，实欲邦国活。臣如忽至理，君岂弃此物。

多士盈朝廷，仁者宜战栗。况闻内金盘，尽在卫霍室。

中堂舞神仙，烟雾散玉质。煖客貂鼠裘，悲管逐清瑟。

劝客驼蹄羹，霜橙压香橘。朱门酒肉臭，路有冻死骨。

荣枯咫尺异，惆怅难再述。北辕就泾渭，官渡又改辙。

群冰从西下，极目高崒兀。疑是崆峒来，恐触天柱折。

河梁幸未坼，枝撑声窸窣。行旅相攀援，川广不可越。

老妻寄异县，十口隔风雪。谁能久不顾，庶往共饥渴。

入门闻号咷，幼子饥已卒。吾宁舍一哀，里巷亦呜咽。

所愧为人父，无食致夭折。岂知秋禾登，贫窭有仓卒。

生常免租税，名不隶征伐。抚迹犹酸辛，平人固骚屑。

默思失业徒，因念远戍卒。忧端齐终南，澒洞不可掇。

这首诗是杜甫五言律诗的代表作。杜甫自京赴奉先县时，安禄山已经举兵造反。而这个时候，安史之乱的消息还没有传到长安。然而，诗人途中的见闻和感受，已经显示出社会动乱的端倪。所以，诗中有"山雨欲来风满楼"的气氛。

安禄山（703年—757年），营州柳城（今辽宁省朝阳县）人，其父死得早，他从小随母在突厥人部族生活。

唐玄宗开元元年（713年），安禄山跟将军安道买的儿子一起逃离了突厥人部落，开始闯荡社会。

开元二十年，安禄山被幽州节度张守珪收留。由于他秉性机灵聪慧，骁勇善战，很快就小有名气。

开元二十八年，朝廷授予他营州都督、平卢军使官衔。他用厚礼贿赂往来官员，要求在朝廷为他多说好话，得到唐玄宗赏识。

天宝元年（742年），唐玄宗在平卢设置节度，任命安禄山为代理御史中丞、平卢节度使。此后，安禄山便可到朝廷上奏议事，唐玄宗更加宠信他。

天宝三年，安禄山接替裴宽任范阳节度，河北采访、平卢军等使一一照旧。河北采访使张利贞经常接受他的贿赂。几年之后，黜陟使席建侯又说他公正无私，就连李林甫都一味说安禄山的好话，可见安禄山的奸诈狡猾、用心险恶。

后来，安禄山请求当了杨贵妃的养子，由此得以平步青云，一路飙升。

天宝六年，安禄山被提拔为大夫；天宝十年，又被提拔为河东节度使。朝廷的一系列的提拔，实则养虎为患。

天宝十四年的十一月，安禄山从范阳起兵造反。身兼范阳、平卢、河东三节度使的安禄山，趁唐朝内部空虚腐败，联合同罗、奚、契丹、室韦、突厥等民族，组成共计15万士兵的队伍，对外号称20万，以"忧国之危，奉密诏讨伐杨国忠"为借口在范阳起兵，一路烧杀掠抢，涂炭生灵，国家处在危难之中。

当时，朝廷已经长久刀枪入库，马放南山，民疏于战。河北各州县立即望风瓦解，当地县令或逃或降。短时间内，安禄山就控制了河北大部郡县，河南部分郡县也望风归降。

天宝十五年正月，安禄山攻陷古都洛阳，并在洛阳僭越称帝，国号叫燕国，年号圣武。安禄山是唐代藩镇割据势力的最初建立者，也是安史之乱的祸首。

杜甫的《自京赴奉先县咏怀五百字》，就是在这样大的背景下写成的。

全诗五百字，可分为三大段。

开头至"放歌破愁绝"为第一段。这一段千回百折，热烈真实，道出了杜甫拯世济民的宏伟抱负。

第二段从"岁暮百草零"至"惆怅难再述"。写出了杜甫途经骊山的所见所闻所感。

第三段从"北辕就泾渭"至末尾，主要描写到家之后的情景和感慨。

在这首长诗中，诗人将忧国忧民、忠君、念家、怀才不遇等思想情感错综复杂地交织在一起，构成了博大浩瀚、沉郁顿挫的宏篇巨制。此诗深刻地反映了当时尖锐的社会矛盾，"朱门酒肉臭，路有冻死骨"这一千古名句，形象地揭示出贫富悬殊的社会现实。

这首诗歌，反映了广大人民的苦难，揭露了执政集团的荒淫腐败，"咏怀"两字通贯全篇，是杜甫"史诗"中的第一首长篇杰作。

悲愤抗议，穷兵黩武害征夫

杜甫在去奉先省亲时，安禄山在范阳（今河北省涿州市）起兵谋反。谋反大军势如破竹，不到两个月就攻陷了古都洛阳，并于唐玄宗天宝十五年（756年）正月，在洛阳称帝，唐朝从此出现了藩镇割据的局面。

在洛阳沦陷之前，杜甫就离开了长安，四处漂泊，躲避战乱。当时，他时刻为当朝统治者的好大喜功、穷兵黩武感到忧虑。

唐玄宗天宝年间，唐王朝与我国边疆少数民族的征战越来越频繁，战争的性质已由天宝以前的制止侵扰，安定边疆，转化为残酷征伐。连年征战，给边疆民族和中原人民都带来深重的灾难。

天宝十年（751年）四月，高仙芝率军从安西出发，翻过葱岭、越过沙漠，经过了三个月的长途跋涉，于七月到达阿拉伯人控制下的怛罗斯，并且开始围攻怛罗斯城（今哈萨克斯坦的江布尔城附近）。战斗持续了五天，连日征战的唐军在内外夹击下再也支撑不住，终于溃败，高仙芝在夜色掩护下单骑逃脱，唐军损失惨重，两万人的精锐部队几乎全军覆没。

天宝十一年（751年）秋，安禄山率兵讨伐契丹。因天降大雨，弓箭松弛，加之奚（今内蒙古西拉木伦河南部）临阵反水，与契丹合力围攻唐军，致使安禄山大败而归。战后，安禄山谎报军情，称出征大捷，唐玄宗深信不疑，邀安禄山进京叙家人之礼。可见唐玄宗偏听偏信、昏庸至极。

　　天宝十年至十一年，唐王朝出兵南诏，即现在云南的西北部，大败，六万将士阵亡。这本来就不是正义的统一战争，而是由朝廷政治腐败，权臣与地方官胡作非为引起的。剑南节度使鲜于仲通为报私仇，曾带领军队攻打南诏。战争给人民带来了深重的灾难，而兵部侍郎杨国忠隐瞒战败真相，仍领功受赏。

　　面对当朝的穷兵黩武，民不聊生，杜甫满腔悲愤，挥笔写下了《兵车行》：

车辚辚，马萧萧，行人弓箭各在腰。

爷娘妻子走相送，尘埃不见咸阳桥。

牵衣顿足拦道哭，哭声直上干云霄。

道旁过者问行人，行人但云点行频。

或从十五北防河，便至四十西营田。

去时里正与裹头，归来头白还戍边。

边庭流血成海水，武皇开边意未已。

君不闻汉家山东二百州，千村万落生荆杞。

纵有健妇把锄犁，禾生陇亩无东西。

况复秦兵耐苦战，被驱不异犬与鸡。

长者虽有问，役夫敢伸恨？

且如今年冬，未休关西卒。

县官急索租，租税从何出？

信知生男恶，反是生女好。

生女犹得嫁比邻，生男埋没随百草。

君不见青海头，古来白骨无人收。

　　新鬼烦冤旧鬼哭，天阴雨湿声啾啾！

　　全诗借征夫对老人的答话，倾诉了人民对战争的痛恨和它所带来的痛苦。地方官吏在这样的情况下还要横征暴敛，百姓更加痛苦不堪。

　　这首诗从蓦然而起的客观描述开始，以重墨铺染的雄浑笔法，如风至潮来，突兀展现出一幅震人心弦的送别长卷。

　　兵车隆隆，战马嘶鸣，一队队被抓来的穷苦百姓换上了戎装，佩上了弓箭，在官吏的押送下开往前线。

　　征夫的爹娘、妻子，乱纷纷地在队伍中寻找、呼喊自己的亲人，扯着亲人的衣衫捶胸顿足，边叮咛边呼号。车马扬起的灰尘，遮天蔽日，连咸阳西北横跨渭水的大桥都被遮没了。千千万万人的哭声，汇成震天的巨响回荡在云端。

　　"爷娘妻子走相送"。一个家庭的顶梁柱，一个主要的劳动力被抓走了，剩下来的尽是些老弱妇幼。对一个家庭来说，无疑是一个塌天大祸，怎么能不扶老携幼奔走相送呢？

　　一个普通的"走"字，寄寓了杜甫多么浓厚的感情色彩！亲人被突然抓兵，又急促押送出征，眷属们追奔呼号，去作那一刹那的生死离别，是何等仓促，何等悲愤！

　　"牵衣顿足拦道哭"一句之中，连续四个动作，把送行者那种眷恋、悲怆、愤恨、绝望的人物神态，表现得细腻入微。

　　在杜甫笔下，灰尘弥漫车马人流令人目眩；哭声遍野直冲云天震耳欲聋！这样的描写，集中展现了成千上万家庭妻离子散的悲剧，着实令人触目惊心！

　　接着，从"道旁过者问行人"开始，诗人通过设问的方法，让当事者，也就是被征发的士卒做了直接倾诉。

"道旁过者"实际就是诗人自己。上面的凄惨场面，是诗人亲眼所见；下面的悲切言辞，又是诗人亲耳所闻。这种叙述方式，增强了诗的真实感。

"点行频"意思是频繁地征兵，是全篇的"诗眼"。它一针见血地点出了造成百姓妻离子散，万民无辜牺牲，全国田亩荒芜的根源。

接着以一个十五岁出征、四十岁还在戍边的"行人"作例，来具体陈述"点行频"，以示情况的真实可靠。

"边庭流血成海水，武皇开边意未已"一句，诗人大胆地把矛头直接指向了最高统治者，这是从心底迸发出来的激烈抗议，充分表达了他怒不可遏的悲愤之情。

写到这里，杜甫笔锋陡转，开拓出另一个惊心动魄的境界。用"君不闻"三字领起，以谈话的口气指出，华山以东的原田沃野、千村万落，变得人烟萧条，田园荒废，荆棘横生，满目凋残。

从"长者虽有问"起，诗人又推进一层。"长者"是征夫对诗人的尊称。"役夫"是士卒自称。"县官"指唐王朝。"长者"二句透露出统治者加给他们的精神桎梏。但是，压是压不住的，下句引发出的诉苦之词，把征夫的苦衷和恐惧心理，表现得极为细腻逼真。这几句写的是眼前时事。因为"未休关西卒"，大量的壮丁才被征发。而"未休关西卒"的原因，正是由于"武皇开边意未已"所造成。"租税从何出？"又与前面的"千村万落生荆杞"相呼应，前后照应，层层推进，对社会现实的揭示越来越深刻。

这里忽然连用了几个短促的五言句，不仅表达了戍卒们沉痛哀怨的心情，也表现出那种倾吐苦衷的急切情态。这样，通过当事人的口述，又从抓兵、逼租两个方面，揭露了统治者的穷兵黩武加给人民的双重灾难。

杜甫接着感慨道：如今是生男不如生女好，女孩子还能嫁给近邻，男孩子只能丧命沙场。这是发自肺腑的血泪控诉。

重男轻女，是封建社会制度下普遍存在的社会心理。但是，由于连年战争，男子的大量死亡，在这一残酷的社会条件下，人们却一反常态，改变了这一社会心理。这个改变，反映出人们心灵上已经受到多么严重的摧残！

最后，杜甫用哀痛的笔调，描述了长期以来存在的悲惨现实：青海边的古战场上，平沙茫茫，白骨露野，阴风惨惨，鬼哭凄凄。寂冷阴森的情景，令人不寒而栗。

结尾凄凉低沉的色调，与开头那种人声鼎沸的气氛；结尾悲惨哀怨的鬼泣，与开头那种惊天动地的人哭，都形成了强烈的对照。这些都是"开边未已"所导致的恶果。至此，诗人那饱满酣畅的激情得到了充分的发挥，唐王朝穷兵黩武的罪恶也揭露得淋漓尽致。

《兵车行》是杜甫 1400 多首诗篇中的名篇，为历代所推崇。它揭露了唐玄宗长期以来的穷兵黩武、连年征战给人民造成的巨大灾难，具有深刻的思想内容，也有突出的艺术特点。

第四章

陷于战乱身不由己

耳闻目睹，三军苦乐赋出塞

唐玄宗天宝年间（742—756 年），被公认为是唐朝由盛转衰的转折点。最主要的原因就是这期间不断发生战乱，尤其是发生了安史之乱。由安禄山和史思明发动的这场叛乱，持续长达八年之久。

对天宝年间频发的战乱，尤其是李氏王朝的穷兵黩武，以及咸阳征夫的悲壮场面，杜甫都耳闻目睹。对此，他痛心疾首，满腔悲愤，写了《前出塞》九首。这一组诗，高度概括了士兵们的战斗生活，揭露了唐玄宗的昏庸荒淫，表达了诗人对战争的看法，体现了诗人对人民的深切同情。

其一：

戚戚去故里，悠悠赴交河。公家有程期，亡命婴祸罗。

君已富土境，开边一何多。弃绝父母恩，吞声行负戈。

其二：

出门日已远，不受徒旅欺。骨肉恩岂断，男儿死无时。

走马脱辔头，手中挑青丝。捷下万仞冈，俯身试搴旗。

其三：

磨刀鸣咽水，水赤刃伤手。欲轻肠断声，心绪乱已久。
丈夫誓许国，愤惋复何有！功名图麒麟，战骨当速朽。

其四：

送徒既有长，远戍亦有身。生死向前去，不劳吏怒嗔。
路逢相识人，附书与六亲。哀哉两决绝，不复同苦辛。

其五：

迢迢万里余，领我赴三军。军中异苦乐，主将宁尽闻。
隔河见胡骑，倏忽数百群。我始为奴仆，几时树功勋。

其六：

挽弓当挽强，用箭当用长。射人先射马，擒贼先擒王。
杀人亦有限，列国自有疆。苟能制侵陵，岂在多杀伤！

其七：

驱马天雨雪，军行入高山。径危抱寒石，指落层冰间。
已去汉月远，何时筑城还。浮云暮南征，可望不可攀。

其八：

单于寇我垒，百里风尘昏。雄剑四五动，彼军为我奔。
掳其名王归，系颈授辕门。潜身备行列，一胜何足论。

其九：

从军十年余，能无分寸功。众人贵苟得，欲语羞雷同。
中原有斗争，况在狄与戎。丈夫四方志，安可辞固穷。

第一首，叙述应征士兵初别父母被迫远戍的情景。

第二首，应征士兵叙说上路之后的情景。离家已远，死生难料。只好索性豁出性命练习武艺，视死如归上战场。

第三首，应征士兵诉说一路上心情的烦乱，时而低沉，时而高扬，强以慷慨自勉，无限沉痛尽在其中。

第四首，描写应征士兵在路上被军吏欺压和驱逼的情景。

第五首，叙述初到军中时的感慨：官兵对立，苦乐不均，身为奴仆，难树功勋，揭露军队的腐败黑暗。

第六首，征夫诉说他对这次战争的看法。指出战争的目的是制止侵略，而不是肆意杀戮。实际上，这也是杜甫对待战争的态度，明确地表达了诗人的政治观点。

第七首，征夫诉说他大寒天在高山上筑城和戍守的情况。

第八首，征夫诉说自己初次立功的过程和对待功劳的态度。

第九首，征夫自叙从军作战十余年的经历。虽未得到封赏，但固穷守节，表现出高尚的爱国情操。

杜甫的这九首诗作，前后连贯，浑然一体。诗人从李氏王朝的好战，写到底层士兵的报国；从剿灭敌寇的胜利，写到对封功行赏的蔑视。这一切，都尖锐地讽刺了统治者穷兵黩武的不义战争，歌颂了戍边战士的爱国主义精神，真实地反映了战争给兵士和百姓带来的深重灾难。

任何一场战争，都不会因为几首诗歌而结束。到了天宝十四年（755年），杜甫看到前线战火依旧蔓延，人民依然处在战乱之中，戍卒由满怀战斗怀激情变得厌战，甚至开了小差，躲藏起来。为此杜甫作《后出塞》五首：

其一：
男儿生世间，及壮当封侯。战伐有功业，焉能守旧丘。

召募赴蓟门，军动不可留。同里送我行，亲戚拥道周。
斑白居上列，酒酣进庶羞。少年别有赠，含笑看吴钩。

其二：
朝进东门营，暮上河阳桥。落日照大旗，马鸣风萧萧。
平沙列万幕，部伍各见招。中天悬明月，令严夜寂寥。
悲笳数声动，壮士惨不骄。借问大将谁，恐是霍骠姚。

其三：
古人重守边，今人重高勋。岂知英雄主，出师亘长云。
六合已一家，四夷且孤军。遂使貔虎士，奋身勇所闻。
拔剑击大荒，日收胡马群。誓开玄冥北，持以奉吾君。

其四：
献凯日继踵，两蕃静无虞。渔阳豪侠地，击鼓吹笙竽。
云帆转辽海，粳稻来东吴。越罗与楚练，照耀舆台躯。
主将位益崇，气骄凌上都。边人不敢议，议者死路衢。

其五：
我本良家子，出师亦多门。将骄益愁思，身贵不足论。
跃马二十年，恐辜明主恩。坐见幽州骑，长驱河洛昏。
中夜间道归，故里但空村。恶名幸脱免，穷老无儿孙。

《后出塞》五首，大约写于唐玄宗天宝十四年。

第一首，诗人写的是热血男儿参军入伍，报效祖国的豪情壮志，正在整装待发。

第二首，诗人以一个刚刚入伍的新兵口吻，叙述了出征边塞轰轰烈烈的军旅生活情景。

第三首，诗人写的是战士拼死征杀，争取战场立功，以报君王唐玄宗。

第四首，诗人写的是边境平安后将帅骄气凌人，如果有人非议就会将其宰杀。

第五首，诗人写的是征者不堪连续 20 年的穷兵黩武，悄悄开小差藏在已是空旷无人的家乡小山村里，终生没娶，没有后人，直到孤独地死去。

全诗层次清晰，步步相生；写景叙意，有声有色。诗人通过典型的事例，生动描绘了出征大军的三个画面：暮野行军图，体现军势的凛然和庄严；沙地宿营图，体现军容的壮阔和整肃；月夜静营图，体现军纪的森严和气氛的悲壮。

从这首诗中可以看出，这个时候朝廷的拓边好战，已使百姓士卒疲于奔命。甚至由于连年征杀，征者已疲怠于无可忍受之中，以至于开小差成为普遍现象，且得到社会及文人的同情和认可。

据史料记载，开元之初，唐玄宗曾为靖边安民做出了重大贡献，彻底改变了此前边防废弛的状况。在必要的戍边之战后，多与境外族群部落达成了和平协议。此后边防无事，国泰民安。但随着他奢侈安逸思想的不断增长，边防建设渐渐缺乏具体谋划和务实精神。从开元二十五年（737 年）至天宝十年（751 年）十四年间，朝廷接连不断地出兵境外，黩武用兵，而且败仗居多，伤亡惨重。

杜甫的《前出塞》和《后出塞》以及后来的许多诗篇，就是对这个时期徭役和战事的实摹。

携家逃难，羌村暂住避战乱

唐玄宗天宝十四年十一月初九，身兼范阳、平卢、河东三节度使的安禄山，以忧国之危、奉密诏讨伐杨国忠为借口，在范阳（今河北省保定市一带）起兵，安史之乱爆发。有人向朝廷奏报安禄山造反，而唐玄宗认为是厌恶安禄山的人编造的假话，没有相信。

安史之乱爆发不到两个月，叛军就一举攻陷了古都洛阳。随后，安禄山在洛阳称帝。

安史之乱是一场政治叛乱，是唐由盛而衰的转折点，也造成了唐代藩镇割据的局面。因发起叛唐的头领是安禄山与史思明，故事件被冠以安史之乱。又因其爆发在唐玄宗天宝年间，也称天宝之乱。

安史之乱自唐玄宗天宝十四年冬月爆发，到唐代宗广德元年（763年）正月结束，历时长达七年零二个月。虽然动乱最终得以平定，可是对唐朝政治、经济、社会、文化及对外关系的发展，均产生极为深远而巨大的影响。政治上，朝廷丧失了中央集团的统治力量，对外再也抵制不住强悍的外族入侵。经济上，由于连年战乱，生产力急剧下降，人民流离失所，生活在水深火热之中，挣扎在死亡线上。

古都洛阳的沦陷，结束了盛唐的神话，百年帝国从此走向衰落。

洛阳素有"九朝古都"之称，为帝王之州、华夏文明的发祥之地。从中国第一个王朝——夏朝开始，先后有夏、商、西周、东周、东汉、曹魏、西晋、北魏、隋、唐、后梁、后唐、后晋 13 个王朝在洛阳建都，时间长达 1500 多年，是中国有史以来建都最早、建都朝代最多、建都时间最长的城市。唐朝武则天时期，也曾迁都洛阳。

天宝十五年（756 年）暮春，还在奉先省亲的杜甫，不得不携家眷加入逃难的人流。

成千上万的难民挈妇将雏，背井离乡，在逃亡的路上，哭天喊地，东躲西藏，慌不择路。混乱之中，不知道是什么人抢走了杜甫的瘦马，使他跌入没人高的荆棘蒿草之中，摔伤了腿脚，寸步难行，还险些落入胡人手中。

在拥挤嘈杂的人流中，杜甫的家人走出十多里路，才发现他没有跟上来。与他一起逃亡的表侄儿赶紧掉转马头，快马加鞭，沿途寻找，终于找到了蜷缩在荆棘荒草中的杜甫。表侄儿把他扶上马背，一手牵着缰绳，一手挥舞着大刀开道，很快赶上逃难的人流，与家人团聚。

一家人餐风宿露，颠沛流离。当他们流落到陕西省彭衙（今陕西省白水县境内）时，已经好几天没有吃到东西了，小女儿饿得哇哇大哭。不料哭声招来了老虎和狼的长啸之声，他们赶紧逃离此地，躲过了虎狼的追踪。

在逃难的途中，杜甫与家人偏偏赶上了阴雨连绵的天气，山洪暴发，道路被冲毁，他们身上既没有一件防雨的用具，口袋里也没有一粒隔夜的食粮。一家人趟着浑浊的河水，爬到山上，采摘一些苦涩的野果充饥。夜里就寄宿在低垂的树枝下，饱受饥寒。

杜甫与妻子杨氏带着孩子们不知走了多久，才来到了离鄜州（今陕西省富县境内）不远的同家洼，投奔朋友孙宰。当杜甫伸手敲开孙宰的房门时，孙宰看到杜甫一家人衣衫褴褛，面容憔悴，简直是狼狈不堪，赶紧命人烧水，让远道赶来的杜甫及妻儿泡脚解乏，并备下了丰盛的晚餐，招待杜甫一家人。对此，杜甫感激不尽。一年后，他写下了《彭衙行》，描述了一家人逃难路过彭衙的情形。

忆昔避贼初，北走经险艰。夜深彭衙道，月照白水山。

尽室久徒步，逢人多厚颜。参差谷鸟吟，不见游子还。

痴女饥咬我，啼畏虎狼闻。怀中掩其口，反侧声愈嗔。

小儿强解事，故索苦李餐。一旬半雷雨，泥泞相牵攀。

既无御雨备，径滑衣又寒。有时经契阔，竟日数里间。

野果充糇粮，卑枝成屋椽。早行石上水，暮宿天边烟。

少留周家洼，欲出芦子关。故人有孙宰，高义薄曾云。

延客已曛黑，张灯启重门。暖汤濯我足，翦纸招我魂。

从此出妻孥，相视涕阑干。众雏烂熳睡，唤起沾盘飧。

誓将与夫子，永结为弟昆。遂空所坐堂，安居奉我欢。

谁肯艰难际，豁达露心肝。别来岁月周，胡羯仍构患。

何当有翅翎，飞去堕尔前。

这是一首感谢朋友的诗，主要内容是回忆唐肃宗至德元年（756年）全家避贼逃难的一个片断。至德元年六月，安史叛军攻陷潼关，暂住在白水舅舅家的杜甫携家从白水逃亡鄜州，路经彭衙之北，受到友人孙宰的盛情接待，一直铭记不忘。

唐肃宗至德二年（757年），杜甫由凤翔回鄜州省亲，路经彭衙之西，因而回忆起前一年携家逃难时，孙宰热情款待的深情厚谊。但又不便枉道相访，故作此诗表示感谢。

全诗用追忆的口吻，直接描述诗人尽室逃难之景、颠沛之状及故人晋接之情，真实的细节描写，细致的心理刻画，传神摹志，形象逼真，正应了杜诗"意脉贯通而平直,情景兼备而不游离,感情强烈而不浅露"之说。

告别孙宰,杜甫携带妻子儿女再次汇入逃难的人流,经彭衙、华原、宜君、中部、三川县,最终来到羌村(今陕西省富县境内)。

偏僻的羌村倒是躲避战乱的好地方,杜甫暂且把家安在了这里。羌村自此成为历代文人墨客寻圣访古的向往之地。明万历年间,御史中丞王邦俊在距羌村四里处的一块巨石上,题刻"少陵旧游"四个大字。

杜甫虽身居羌村,但心系朝廷,心系黎民。可让他没想到的是,天宝十五年(756年)六月十二日夜里,唐玄宗李隆基带着杨贵妃,竟然放弃了半壁江山和万千子民逃离了长安,前往西蜀(今四川省境内)避难。

当李隆基的队伍走到马嵬坡(今陕西省兴平市西)时,御林军停止了前进。禁军将领陈玄礼等因对杨国忠兄妹专权不满,杀死宰相杨国忠及其儿子。之后,又认为"贼本尚在",遂请求皇上处死杨贵妃,以免后患。唐玄宗迫于情形危机,万般无奈之下,被迫赐杨贵妃自缢,从而稳定了军心,史称"马嵬坡之变"。

此次兵变,使唐玄宗深受打击。玄宗李隆基与太子李亨在马嵬坡分道,李隆基向南赴西蜀,李亨则北上,并一路收编唐军的残兵败将。

天宝十五年(756年)七月十二日,太子李亨在灵武(今宁夏灵武县西南)继承皇位,是为唐肃宗,并尊玄宗李隆基为太上皇。

北上灵武，遭遇叛军押截获

天宝十五年七月，太子李亨在灵武宣布继位，同时，李隆基作为太上皇退位。消息传到闭塞的羌村后，杜甫的心情异常兴奋，他仿佛看到了黎明前的曙光，看到了安邦兴国的希望。

杜甫把妻子杨氏、儿女留在羌村，并叮嘱一番，然后只身前往灵武，去朝拜唐肃宗李亨。由此可见，杜甫的忧国忧民之心矢志不渝。

灵武古称灵州，素有"塞上江南"之美誉，有着悠久的历史文明。早在三万多年前的旧石器时代晚期，人类就在灵武这片神奇的土地繁衍生息，薪火相传。

隋朝时为灵武郡，唐朝初年为灵州治，唐玄宗开元九年再称灵武。唐肃宗李亨在此即位，灵武升为大都督府。

深秋时节，落叶飘飘，白露为霜。杜甫从鄜州羌村启程，沿途山高水远，步履维艰。一路上不但有虎狼出没，且关卡林立，盘查甚严。杜甫爬山涉水，忍饥挨饿，日夜兼程，一路巧妙周旋，闯过了一关又一关。随着时间的推移，杜甫离灵武越来越近了。

当杜甫走到陕西横山附近时，他感觉自己实在是走不动了，就坐下来歇息。不料，就在他休息时，一股安史叛军奔驰而来，将他俘获，并与其他被俘的难民一起押解长安。

杜甫曾经在长安这座辉煌的历史古都求学求官，结交权贵，漂泊了近十年。长安城里，有他太多太多的回忆，或是美好的，或是凄凉的。

而当他再度回到长安时，却被羁绊于牢笼，饱尝悲苦离愁。在宋祁所著的《新唐书·杜甫传》里，这样描写杜甫被关押表现："数尝寇乱，挺节无所污。为歌诗伤时挠弱，情不忘君，人怜其忠云。"由此可见，杜甫是一位人格高尚的伟大诗人，昭示了他忧国忧民的赤子之心。

此时，杜甫旧日的朋友以及他投过简历的官员，有的随唐玄宗李隆基前往西蜀，如韦见素、房琯等；有的被敌人虏到洛阳，如王维、储光羲、郑虔等；有的则投降了叛军，如哥舒翰等。只有长安的人民没有离开故土，每天在极度的恐怖中过着黑暗的生活。

秋天很快过去了，寒冷的冬天迅速来临。关押杜甫的房子四面透亮，凛冽的北风夹着冰冷的雪花，从窗子飘进来，侵袭着一身单衣单裤的杜甫。他想起许多达官贵人不顾国家存亡，纷纷投靠了叛军，更加觉得寒风彻骨。于是，杜甫作《对雪》一首，来抒发对国家局势的担忧和对亲人的思念。

战哭多新鬼，愁吟独老翁。乱云低薄暮，急雪舞回风。

瓢弃尊无绿，炉存火似红。数州消息断，愁坐正书空。

这首诗的大意是，战场上哭泣的大多是新死去兵士的鬼魂，只有他一个人忧愁地吟诗。乱云低低地徘徊在黄昏里，急下的雪花在风中飘舞回旋。葫芦丢弃了，酒器中没有酒。火炉中的余火，好似照得眼前一片通红。前线战况和妻子弟妹的消息，都无从获悉，忧愁地坐着用手在空中画着字。

这首诗，是杜甫在唐肃宗至德元年（756 年）冬居长安时所作。杜甫在写这首诗之前不久，宰相房琯率领唐军在陈陶和青坂与安禄山叛军展开大战，结果遭受大败，死伤几万人。长安失陷时，杜甫逃到半路就被叛军抓住，解回长安。他设法隐瞒自己的身份，得以保存气节。但是，痛苦的心情，艰难的生活，都在折磨着他。

杜甫身陷长安期间，亲眼目睹了叛军在长安的种种罪恶。他们疯狂烧毁宫殿官邸，肆意屠杀平民百姓及王子王孙文武大臣，肆无忌惮地掠夺财物，并且在长安街头饮酒高歌。面对山河破碎，生灵涂炭，杜甫的心如同滴血一般。

尽管杜甫身陷囹圄，但他依然密切关注前方战事及人民疾苦。他客观分析了陈陶兵败的原因，担心贼兵西进乘虚攻打芦子关（今陕西安塞县境内），造成平乱的根据地失守。为此，他在羁绊之时写下《塞芦子》这首诗：

五城何迢迢，迢迢隔河水。边兵尽东征，城内空荆杞。

思明割怀卫，秀岩西未已。回略大荒来，崤函盖虚尔。

延州秦北户，关防犹可倚。焉得一万人，疾驱塞芦子。

岐有薛大夫，旁制山贼起。近闻昆戎徒，为退三百里。

芦关扼两寇，深意实在此。谁能叫帝阍，胡行速如鬼。

唐肃宗至德二年（757年）正月，叛军史思明、高秀岩联手攻打太原，意欲西进，直接威胁唐肃宗李亨的驻地凤翔（今陕西省凤翔县）、彭原（今甘肃宁县）一代的安全。

身陷长安的杜甫获悉这个消息后，万分焦急，特此作了《塞芦子》这首诗。此时，杜甫尚在叛军手中。

芦子关又名芦关，位于陕西省志丹县北与靖边县交界处，因所在的土门山两崖峙立如门，形如葫芦而得名。芦子关是太原向陕西、甘肃西进所经过的重要关口，唐朝时隶属延州。因此，杜甫在诗中主张迅速塞断芦子关。

这首诗，不仅可以看出杜甫筹边御敌的军事才能，同时，也可表现了他"临危莫爱身"的爱国精神。

羁绊长安期间，杜甫一边焦虑国家社稷，一边思量怎样逃出去。当时，年仅45岁的杜甫身体十分虚弱，连喘带咳，看上去像个六七十岁的老头。胡兵看守以为他只是一个普通老百姓，对他看管并不严。同时，杜甫没有受到什么酷刑，也没有和滞留在长安的那些官吏一样，被送到洛阳，软硬兼施，迫使投降。当然，杜甫自己也做了一番掩饰，处处小心谨慎，机智灵活地应付了敌人的种种盘查。

一天夜里，杜甫发现守门的叛军喝了很多酒，迷迷糊糊地晃悠着，不一会就靠着门框睡着了。于是，杜甫抓住机会，悄悄地溜了出去。当时，天黑得伸手不见五指，杜甫趁着夜幕遮掩，爬上一座陡峭的山头，险些掉下山崖。他不敢走大道，唯恐叛军追上来。当他逃到唐军管辖的地带时，才算松了一口气。

京兆望月，忧叹愁思抒离情

杜甫身陷长安期间，从春花烂漫到夏日炎炎，从秋风萧瑟到雪花翩翩，除了为国为民担忧之外，无时无刻不在牵挂自己的妻儿至亲。

在那个血雨腥风的年代，杜甫非常担心他远在安徽凤阳的妹妹，滞留在山东的弟弟杜颖、杜观、杜丰，尤其牵挂寄居在羌村的妻子儿女。因为安史之乱，杜甫身陷长安，与这些亲人音信皆无。那时，叛军肆意烧杀掠抢，到处充满血腥，他的一颗心根本无法得到安宁。白露之夜，月色如水。杜甫望着天上的明月，心中的感慨油然而生。于是，他起身提笔，写下了《月夜忆舍弟》这首五言绝句：

> 戍鼓断人行，边秋一雁声。露从今夜白，月是故乡明。
>
> 有弟皆分散，无家问死生。寄书长不达，况乃未休兵。

据推算，这首诗作于乾元二年（759 年）秋天。

这年九月，史思明从范阳引兵南下，攻陷汴州，西进洛阳，而且山东、河南的大好河山都处于战乱之中。当时，杜甫的几个弟弟都分散在山东、河南这一带居住。由于兵荒马乱，战事阻隔，相互音信不通，生死自然难料。寒露时节冷冷的月色，引起了杜甫强烈的忧虑和思念之情。戍楼上更鼓一声一声地响起，但因为战乱，边塞秋夜没有行人，只有一两声大雁的鸣叫。都说鸿雁可以传信，但诗人不知弟弟身在何处。即使鸿雁真的可以传信，又送到哪里呢？

白露时节，仰头望月，诗人感觉边塞的月色远没有故乡的月色明亮。其实，月亮只有一个，但杜甫思念故乡思念兄弟的心情特别强烈，因此产生一种幻觉："月是故乡明。"寄书不到，无家可归，更何况处在战乱之中。

全诗层次井然，首尾照应，结构严密，环环相扣，句句转承，一气呵成。

"露从今夜白，月是故乡明"一句，脍炙人口，家喻户晓。仅仅一个"白"字，与惨淡的月色相照应，给人一种清冷，凄凉之感。这也是杜甫当时心情的真实写照。与其说是杜甫思念故乡及亲人，不如说是哀恸国家目前所罹的战乱。

当他得知弟弟还在人世的消息时，先后写诗寄与弟弟，表达他的牵挂与思念之情。其中，《得舍弟消息》共四首：

其一：

近有平阴信，遥怜舍弟存。侧身千里道，寄食一家村。

烽举新酣战，啼垂旧血痕。不知临老日，招得几人魂。

其二：

汝懦归无计，吾衰往未期。浪传乌鹊喜，深负鹡鸰诗。

生理何颜面，忧端且岁时。两京三十口，虽在命如丝。

其三：

乱后谁归得，他乡胜故乡。直为心厄苦，久念与存亡。

汝书犹在壁，汝妾已辞房。旧犬知愁恨，垂头傍我床。

其四：

风吹紫荆树，色与春庭暮。花落辞故枝，风回返无处。

骨肉恩书重，漂泊难相遇。犹有泪成河，经天复东注。

这一组写于战乱时期的诗作，有着明显的忧伤痕迹。当杜甫得知弟弟在战乱中幸免于难，心里亦喜亦忧，强烈的思念与牵挂之情，在笔端汩汩流淌……

第一首，初得弟弟还在的消息，怜弟而复自伤。

第二首，叙说弟弟流落他乡，而叹资生无计。

第三首，诉说自己在安史之乱中为了生存东奔西走，因此积劳成疾。

第四首，主要是说虽然兄弟情深，却各自漂泊异乡，难以相见。

四首诗作，手足之情跃然纸上。

在战乱年月，所有亲人联系中断，又都体弱多病，散落在两地的一家三十多口人，命如游丝，这是何等的伤痛啊！杜甫以一首首怀念弟弟的诗，勾勒出个人的卑微渺小与无奈之情。

有道是：无情未必真豪杰，怜子如何不丈夫。

杜甫青春年少的时候，裘马清狂，浪迹吴越齐赵之间长达 10 年。直到 30 岁时，才和妻子杨氏结婚。婚后，又因为考取功名和安史之乱，与妻子聚少离多，但夫妻感情却丝毫未减。

尤其在杜甫被安禄山叛军俘获身陷长安时，既忧国忧君，又思念牵挂与他相濡以沫的妻子杨氏和那几个年少的孩子。

杜甫深深知道，妻子杨氏同样思念牵挂战乱中生死未卜的夫君。

杜甫是在至德元年（756 年）八月被押解到长安的。中秋之夜，本是花好月圆阖家团聚的大喜日子，而此时，他却羁绊长安，与家人天各一方，心情极度悲凉。他想起妻子一个人带着几个尚未成年的孩子，寄居在偏僻闭塞的小山村。而且生活拮据，举目无亲，该有多么孤单、凄凉和艰难。杜甫站在窗前，久久地凝望十五的月亮，遥想远方的妻子儿女，不由得百感交集，热泪长流。于是，他挥笔写下了《月夜》这首诗：

今夜鄜州月，闺中只独看。遥怜小儿女，未解忆长安。

香雾云鬟湿，清辉玉臂寒。何时倚虚幌，双照泪痕干？

这首诗的大意是：今夜鄜州羌村的月亮，一定和长安的月亮一样又圆又亮，可叹妻子只能在闺中独自观赏。可爱的小儿女，怎么能够懂得母亲对丈夫的思念与心酸呢？月下，不知妻子望了多久，秋夜蒙蒙的雾气，沾湿了妻子高绾的秀发；冷冷的月光，照冷了妻子如玉的双臂。不知何时才能团聚，依偎在轻纱帷帐之中共赏明月呢？就让这皎洁的月光，默默地照干我们的泪痕吧！

其实，思念是双方的，要不然怎么会是"双照泪痕"呢？真是情深意重，心有灵犀。

其中，一个"独"字，不但表现了夫妻分离而产生的孤独之感，也表现了夫妻真挚而深厚的爱，并为后面抒发情感奠定了基础。

杜甫不但是一个诗圣，也是一个情圣。他和妻子杨婉之间的爱情，虽然没有专门的文章为其阐述宣扬，但是，在他的诗歌里，多次提及自己的妻子，赞美、思念之情溢于言表。例如：出自于《自京赴奉先县咏怀五百字》的"老妻寄异县，十口隔风雪"；出自于《北征》的"经年至茅屋，妻子衣百结"；出自于《闻官军收河南河北》的"却看妻子愁何在，漫卷诗书喜欲狂"；出自于《百忧集行》的"入门依旧四壁空，老妻睹我颜色同"；

出自于《江村》的"老妻画纸为棋局，稚子敲针作钓钩"；出自于《遣兴》的"世乱怜渠小，家贫仰母慈"……这些不同时期的不同作品，字字句句，都充满深深的思念、牵挂、赞美和离愁之情。

逃出长安，天子授任左拾遗

唐玄宗天宝十五年（756年）六月，安禄山带领的叛军一举攻陷唐都长安后，烧杀掠抢，无恶不作，因而激起全国人民的强烈反抗。广大爱国人士自发地组织起来，纷纷拿起武器，抗击叛军。他们东一伙西一伙的，自发地组织起来，打击叛军。这里受了挫折，那里又起来战斗。叛军四处应战，势力范围逐渐缩小，广大人民的抗争，给唐朝军队的反击，创造了有利的条件。

在正面战场上，唐军在兵部尚书兼朔方节度使郭子仪的带领下，打了几场胜仗，强有力地在后方牵住敌人。同时，唐军在河北也收复了许多郡县失地。在这种形势下，唐肃宗李亨于至德二年（757年）从宁夏灵武迁到陕西凤翔。

杜甫逃出长安后，爬过一座山又一座山，有好几次险些掉下陡峭的山崖。他一路向西行走，崎岖的山路上留下他孤独的足迹，奔腾的黄河水映照他沧桑的身影。他风餐露宿，日夜兼程，不停地朝着凤翔的方向前进。他知道，凤翔那里有新登基不久的唐肃宗李亨，也有他报效祖国的梦想。他把收复祖国大好山河的希望，都寄托在唐肃宗李亨的身上。

唐肃宗李亨生于唐睿宗景云二年（711年），卒于唐代宗宝应元年（762

年），享年 51 岁。李亨是唐玄宗第三子，唐朝第七位皇帝。开元二十六年（738 年）被立为太子。安史之乱爆发后，与玄宗、杨贵妃仓皇逃往西蜀（今四川省成都市），行经马嵬坡时，军士哗变杀死杨国忠，并逼迫玄宗赐死杨贵妃。马嵬坡民众拦阻玄宗请留，玄宗不从，而李亨留下。同年农历七月，李亨在灵武宣布即位，尊玄宗为太上皇。唐肃宗在位仅六年，死后谥号文明武德大圣大宣孝皇帝，葬于陕西咸阳的建陵。

杜甫在赶路时，心中想着新登基的皇帝，似乎眼前凛冽的寒风也不那么刺骨了，肚子也不那么饿了。他紧了紧身上破成布条的青袍，不由得加快了前进的脚步。

已经被叛军关押了一年的杜甫，历尽千难万险，终于风尘仆仆地赶到了凤翔，拜见当朝天子唐肃宗。此时，他衣衫褴褛，两肘露在外面，穿着两只破草鞋，样子十分狼狈。对此，杜甫在《怀述》中写道：

> 去年潼关破，妻子隔绝久。今夏草木长，脱身得西走。
> 麻鞋见天子，衣袖露两肘。朝廷愍生还，亲故伤老丑。
> 涕泪授拾遗，流离主恩厚。柴门虽得去，未忍即开口。
> 寄书问三川，不知家在否。比闻同罹祸，杀戮到鸡狗。
> 山中漏茅屋，谁复依户牖。摧颓苍松根，地冷骨未朽。
> 几人全性命，尽室岂相偶。嵚岑猛虎场，郁结回我首。
> 自寄一封书，今已十月后。反畏消息来，寸心亦何有。
> 汉运初中兴，生平老耽酒。沉思欢会处，恐作穷独叟。

来到皇帝大殿的杜甫，一副"麻鞋见天子，衣袖露两肘"的模样。只见他蓬头垢面，泪眼婆娑，刚刚登基的天子李亨从来没有见过这样的朝拜者，深感杜甫的诚心诚意。李亨觉得，眼下朝廷正是用人之际，人才实在难得。于是，唐肃宗于至德二年（757年）五月十六日下诏：" 襄阳杜甫，尔之才德，朕深知之。今特命为宣义郎行在左拾遗。授职之后，宜勤是职，毋怠！ "

唐肃宗派中书郎张镐传命杜甫，杜甫万分惊喜，连忙跪倒叩头谢恩。杜甫觉得，自己总算获得了一份官职，可以施展他爱国爱民的宏伟抱负了。

杜甫不禁对肃宗的厚恩感激涕零。他在所作的《自京窜至凤翔喜达行在所三首》中，描写了自己当时的心情：

其一：

西忆岐阳信，无人遂却回。眼穿当落日，心死著寒灰。
雾树行相引，莲峰望忽开。所亲惊老瘦，辛苦贼中来。

其二：

愁思胡笳夕，凄凉汉苑春。生还今日事，间道暂时人。
司隶章初睹，南阳气已新。喜心翻倒极，呜咽泪沾巾。

其三：

死去凭谁报，归来始自怜。犹瞻太白雪，喜遇武功天。
影静千官里，心苏七校前。今朝汉社稷，新数中兴年。

第一首，叙述自己由长安抵达凤翔的一路惊险。

第二首，叙述方达行在所的惊喜。

第三首，写授官立朝对社稷中兴的欣喜之情。

在杜甫的一生中，每当提起逃出长安的凶险历程，他总会有一种胆战心惊的感觉。一年后，他在《至德二载甫自京金光门出间道归凤翔乾元初从左拾遗移华州掾与亲故别因出此门有悲往事》中写道：

> 此道昔归顺，西郊胡正繁。至今残破胆，应有未招魂。
> 近侍归京邑，移官岂至尊。无才日衰老，驻马望千门。

这首诗的首联从"悲往事"写起，述说往日虎口逃归时的险象。"胡正繁"有两层含义：一是说当时安史叛军势大，朝廷岌岌可危；二是说西门外敌人多而往来频繁，逃出真是太难，更能表现出诗人对朝廷的无限忠诚。

诗的颔联"至今"暗转，进一步抒写昔日逃归时的危急情态，申足前意而又暗转下文，追昔而伤今，情致婉曲。章法上有金针暗度之效。

诗的颈联转写今悲，满腔忠心却遭外贬，本是皇上刻薄寡恩，是皇上本人疏远了他，可诗人却偏说"移官岂至尊"，决无埋怨皇上之意，故成为杜甫忠君的美谈。但若仔细体会，杜甫在这两句中还是含有怨艾之情的，只不过是说得婉曲罢了。

诗的尾联在自伤自叹中抒写眷恋朝廷不忍遽去的情怀。感情复杂而深婉，虽然写得很含蓄，实际是在埋怨肃宗。

《至德二载甫自京金光门出间道归凤翔乾元初从左拾遗移华州掾与亲故别因出此门有悲往事》这首诗，追忆了当年九死一生从胡尘中间道逃往凤翔的情景，痛定思痛，感慨万千。当年是"麻鞋见天子，衣袖露两肘。朝廷愍生还，亲故伤老丑。涕泪授拾遗，流离主恩厚"，本以为从此可以效忠王室、裨补国政，谁知却因直言进谏，遭到诽谤，天子疏远，从政一年多就被贬斥。诗人内心的积怨很深，却以"不怨之怨"的委婉手法写出。抒发自己眷念祖国的深情，同时更加衬托出当朝统治者的黑白不辨、冷酷无情。

危急上谏，营救房琯贬华州

唐肃宗至德二年（757 年）五月，杜甫被任命为宣义郎行在左拾遗，这让一直在寻求官职的杜甫非常兴奋。

唐朝时期，拾遗分左、右拾遗。左拾遗属于门下省，右拾遗属于中书省。不过，左右拾遗都是从八品上。官虽不大，但都隶属中央级别。

杜甫所任职的左拾遗，主要工作就是供奉皇上，发现皇上的决议有不便的，不合于理的，就及时提出合理的看法和建议。同时，还要负责向皇上举荐贤良。

如此看来，左拾遗这个职位是很重要的。但从级别上看，连七品芝麻官都够不上。这说明，皇上并不真正需要什么谏臣。而所谓左拾遗，不过是朝廷的一种摆设、点缀而已。

应该说，封建王朝的谏议大夫、拾遗、补阙、正言、司谏等官职，都属于这个性质。皇上一言九鼎，岂能听命于谏臣之言。

然而，性情耿直、涉世不深的杜甫，一心一意地为国家社稷着想，他怎么能够晓得其中的这些玄机呢？

果然，杜甫上任不久，便卷入一场错综复杂的朝廷争斗之中。这件事，直接影响了他的后半生，也毁了他的后半生。

杜甫上任后，竭尽全力地履行自己的分内职责。他所提的第一条建议，就是为丞相房琯辩护。

房琯（697年—763年）名琯，字次律，河南偃师人，唐朝玄宗、肃宗两朝宰相，正谏大夫房融之子。房琯历任校书郎、冯翊县尉、卢氏县令、监察御史、睦州司户、主客员外郎、主客郎中、给事中、宜春太守、太子左庶子、刑部侍郎等职务，赐爵漳南县男。

安史之乱爆发后，房琯随唐玄宗弃长安逃入西蜀，官拜吏部尚书、同平章事。

唐肃宗李亨灵武即位后，房琯前去投奔，深受肃宗器重，委以平叛重任。但房琯不通兵事，崇尚虚名，好发议论，不切实际，又用人失误。

至德元年（756年）冬天，房琯率领四万大军在陈陶与安禄山的叛军交战。战斗异常激烈。两军从早晨拼杀到黄昏，杀声震天，鲜血染红了河流。结果，房琯所率领的唐军大败，四万人几乎全军覆没。安禄山的叛军在长安街头饮酒庆祝，长安百姓向北啼哭，盼望官军能够打回来。为此，杜甫曾作《悲陈陶》一诗记录此事。

房琯陈陶战败后，本应论罪处置。但因为老臣李泌的营救，唐肃宗才没有罢房琯的官，依然让他做宰相。

但由于朝廷里的贺兰进明、崔圆等人平素与房琯积怨较深，因此就陈陶败仗一事在肃宗面前说了房琯许多不是，包括说房琯门下的琴工董庭兰收受贿赂，说他常常称病不理政务，说他终日只谈佛家因果等等。唐肃宗听后，觉得有些道理，便渐渐开始疏远房琯，并产生了罢免房琯宰相官职的想法。宰相张镐听说皇帝要罢房琯的职，也出面为房琯辩解求情，结果不但无济于事，还火上浇油。最终，房琯由宰相被贬为太子少师。

唐肃宗贬房琯主要有四条罪状。一是净提拔一些高谈阔论、没有实际才能的人以及自己的亲朋好友；净排斥一些温良恭俭让的君子。二是接连打了两次败仗，而且都是败得比较惨烈。三是宰相虽然被罢免，可你还是大臣，老不上朝，称病在家，跟一些人在一起谈诗论文，有失君臣之礼。四是与旧党严武等人潜为交结，轻肆言谈有朋党不公之名。

在这种复杂的明争暗斗中，刚刚上任左拾遗的杜甫站出来了。

杜甫对房琯有一些了解，也有一些交情。房琯天资聪慧，少年得志，官路亨通，为唐玄宗和唐肃宗两朝元老。但杜甫没有看到房琯高谈阔论不切实际的一面。同时，杜甫也非常了解贺兰进明、崔圆等人攻击房琯的卑劣行径和险恶用心。于是，他挺身而出，没有考虑任何后果，竭尽全力履行他左拾遗的职责。

杜甫经过缜密调查后，直言不讳地为房琯上疏："罪细，不宜免大臣。"意思是说，房琯的最很小，不应该免去宰相职务。

结果，唐肃宗勃然大怒，命韦陟、崔光远、颜真卿查办杜甫。幸亏宰相张镐说情，杜甫才免于责罚。

其实，唐肃宗查办房琯，是太子党与玄宗党之争，意在清理门户。可杜甫哪里晓得其中的端倪，就按事论事上疏了。可见朝廷内部的斗争有多么错综复杂，而杜甫一介书生怎么能够应付呢？

讽谏受挫，并没有让杜甫放弃左拾遗职责。当边塞诗人岑参从酒泉来到凤翔后，杜甫与他的同僚联名举荐岑参。杜甫还写了不少赠别诗，送郭英乂往陇右任节度使；送杨某出使吐蕃；送友人到汉中、武威、河西、同谷等地任判官。每送一人，杜甫必提醒他们担负起责任，不负朝廷，不负人民。

对于皇上李亨而言，也许左拾遗只是一个摆设，无需你多言，不然那么重要的职位，怎么会位居从八品呢？

结果，至德二年八月，也就是杜甫上任还不到三个月，还没来得及施展救国救民的宏伟抱负，就因为替宰相房琯上疏申辩而惹怒皇上，被贬为华州（今陕西省华阴县）司功参军。

华州是古代行政区划名，在今陕西省渭南市华州区境内及周边地区，因州境内有华山而得名，而辖境历朝历代都有变化。

华州前据华山，后临泾渭，左控潼关，右阻蓝田关，历来为关中军事重地。

隋朝时，先称华州，后称华山郡。唐高祖武德元年（618年），改华山郡为华州。武后垂拱二年（686年），改华州为太州。唐中宗神龙元年（705年），复华州旧名。唐玄宗天宝元年（742年），华州改为华阴郡。唐肃宗乾元元年（758年），复称华州。后来的唐肃宗上元二年（761年），再次更名为太州。唐代宗宝应元年（762年），复华州旧称。唐昭宗乾宁四年（897年），华州升为兴德府。唐哀帝天祐三年（906年），又改为华州。

综上所述，华州对于唐朝廷来说，是一个非常重要的州郡。

但是，对于杜甫来说，华州司功参军的头衔对他简直是一种羞辱。

第五章

为官梦断世态炎凉

谏言被贬，好友送马返家园

唐肃宗至德二年（757年），杜甫就任宣义郎行在左拾遗一职还不到三个月，就因为替宰相房琯上疏惹怒皇上，被贬至华州（今陕西省华阴县）司功参军。

司功参军是个很小的官，虽然也是八品，但管的都是一些琐碎繁杂的事务。这样的官职，让杜甫非常伤感。

杜甫从长安逃出来，一心一意地投奔唐肃宗时，为的是实现自己报效国家的远大抱负。而这一次，自己离开朝廷，离开中央政府，恐怕就很难再有回头之日。他觉得，朝廷中的房琯、严武这些人，都是他的布衣之交，大家都没做官的时候，就是好朋友。而实际上，杜甫能做官，很大程度上也是靠这些老朋友帮忙。房琯做宰相，如果给杜甫一个七八品的官，应该能够做到的。所以，司功参军一职对于杜甫来说，是一次沉重的打击和失败。

对人生信仰、政治理想的执着追求，是杜甫个性的一大特征。而面对现实与理想的巨大落差，杜甫似乎难以承受官场失意的打击。

杜甫来到华州做了一个小小的司功参军，官虽不大，但事情多，而且特别麻烦。为此，他写了《早秋苦热，堆案相仍（时任华州司功）》这首七言律诗：

> 七月六日苦炎蒸，对食暂餐还不能。
>
> 每愁夜中自足蝎，况乃秋后转多蝇。
>
> 束带发狂欲大叫，薄书何急来用仍。
>
> 南望青松架短壑，安得赤脚蹋层冰。

  这首诗的意思是，正值七月份最热的天气，吃饭我都吃不下去。晚上睡觉时，蝎子就从墙缝里爬出来，苍蝇多的不得了。束带发狂，老在腰里扎带。因为诗人穿着官服，无奈地发狂大叫。一些文书来来往往没个完。远远地看到山里的青松长得蓬勃，郁郁苍苍，想着什么时候不做这个官了，到山里面去在那个冰面上奔跑，多畅快呀！

  在这首诗里，诗人把自己的心里话说出来，就是他的志向跟李白一样，都是想做宰辅之臣，哪里耐烦做这种小吏？今天一个申请报告，明天一个总结报告，后天又是一个汇报，没完没了。整天都没有诗情画意，写的都是公文，这对杜甫来讲，无疑是一种巨大的折磨。他心里清楚，在短时期内，他不可能回到朝廷，回到皇帝身边。所以，看到这里天气闷热，心里更是烦燥不安。

  随后，杜甫又写了一首《早秋苦热，堆案相仍（时任华州司功）》的五言律诗，抒发自己的情感：

> 诏许辞中禁，慈颜赴北堂。圣朝新孝理，祖席倍辉光。
>
> 内帛擎偏重，宫衣著更香。淮阴清夜驿，京口渡江航。
>
> 春隔鸡人昼，秋期燕子凉。赐书夸父老，寿酒乐城隍。
>
> 看画曾饥渴，追踪恨森茫。虎头金粟影，神妙独难忘。

就在杜甫烦闷忧伤时，又被朝廷告知放了长假，让他回鄜州羌村探亲。对于杜甫来说，省亲无疑是一种精神的解脱。

在担任宣义郎行在左拾遗期间，杜甫已把自己代步的瘦马，送给边关士兵用来征战杀敌，他的所有行程，都是步行前往。

被告知放假回鄜州羌村探亲后，杜甫于唐肃宗至德二年八月初一起程。但没走几天，脚板就磨出了血泡。当他途经邠州（今陕西省彬县境内）时，就感觉体力严重透支，实在走不动了。无奈之下，杜甫向驻扎当地的李嗣业将军借了一匹马，并做了一首《徒步归行》赠给了他：

> 明公壮年值时危，经济实藉英雄姿。
>
> 国之社稷今若是，武定祸乱非公谁。
>
> 凤翔千官且饱饭，衣马不复能轻肥。
>
> 青袍朝士最困者，白头拾遗徒步归。
>
> 人生交契无老少，论交何必先同调。
>
> 妻子山中哭向天，须公枥上追风骠。

李嗣业又名李特进，长安高陵（今陕西省三原县）人，唐朝名将。初任昭武校尉，后历任中郎将、右金吾大将军、骠骑大将军、北庭行军兵马使、卫尉卿、怀州刺史、北庭行营节度使等，封号国公。

李嗣业身高七尺，力大超群，擅用陌刀。每逢出战必身先士卒，所向披靡，所以敌军称其为"神通大将"。天宝六年（747年），李嗣业随四镇节度副使高仙芝击败小勃律国。天宝十年（751年），李嗣业再随高仙芝讨平石国、突骑施，击败大食国军队。

后来，李嗣业奉命征讨安史之乱叛军，先后多次击败叛军，跟随广平王李豫收复长安，跟随郭子仪收复洛阳，与张镐等收复河南、河东两道郡县。乾元二年（759 年），李嗣业与郭子仪等在围攻相州时，身中流箭负伤。李嗣业伤势快好时，突然听见发令钟鼓声，知道是唐军在与叛军作战，因而大喊杀敌。结果，喊声致使伤口破裂，李嗣业因流血过多而死。死后赐谥号"忠勇"，追封"武威郡王"。

杜甫与李嗣业交往颇深，杜甫向李嗣业借马，当然一说就成。而且借变成了送，马也自然是一匹好马。

这年秋天，甘肃一带阴雨连绵，道路泥泞，秋风萧瑟，长途跋涉异常艰难。杜甫借到马后，以马代步，快马加鞭，日夜兼程，离凤翔越来越远了，离家也就越来越近了……

当杜甫突然出现在羌村时，妻儿及乡邻都惊讶不已。杜甫在《羌村三首》的第一首中，是这样描写当时情景的：

峥嵘赤云西，日脚下平地。柴门鸟雀噪，归客千里至。

妻孥怪我在，惊定还拭泪。世乱遭飘荡，生还偶然遂。

邻人满墙头，感叹亦歔欷。夜阑更秉烛，相对如梦寐。

这首诗，说的是西天布满重峦叠嶂似的红云，阳光透过云脚斜射在地面上。杜甫经过千里跋涉到了家门，目睹萧瑟的柴门和鸟雀的聒噪，好生萧条。妻子和孩子们没想到他还活着，愣了好一会儿才喜极而泣。在这兵荒马乱的时候，能够活着回来，确实有些偶然。邻居闻讯而来，围观的人在矮墙后挤得满满的，无不感慨叹息，歔欷不已。夜很深了，夫妻相对而坐，仿佛在梦中，不敢相信这都是真的。

当他的孩子看见父亲回来了，更是围绕在父亲的膝下，害怕父亲再次离他们而去。杜甫在《羌村三首》的第二首中这样写道：

晚岁迫偷生，还家少欢趣。娇儿不离膝：畏我复却去。

忆昔好追凉，故绕池边树。萧萧北风劲，抚事煎百虑。

赖知禾黍收，已觉糟床注。如今足斟酌，且用慰迟暮。

这首诗，说的是人到晚年了，还感觉是在苟且偷生，但又迫于无奈，终日郁郁寡欢。儿子整日缠在我膝旁，寸步不离，害怕我回家没几天又要离开，闲来绕树漫步，往昔追随皇帝的情景出现在眼前，可时过境迁，只留下遗憾和叹息。一阵凉风吹来，更觉自己报国无门，百感交集，备受煎熬。幸好知道已经秋收了，新酿的酒虽未出糟，但已感到醇香美酒正从糟床汩汩渗出。现在这些酒已足够喝的了，姑且用它来麻醉一下自己吧。

第二天早上，有几位父老乡亲敲开了杜甫的家门，他们纷纷前来看望这位兵荒马乱年头归来的大诗人，并带来了薄酒与之畅饮。酒后，杜甫作了《羌村三首》的第三首：

群鸡正乱叫，客至鸡斗争。驱鸡上树木，始闻叩柴荆。

父老四五人，问我久远行。手中各有携，倾榼浊复清。

苦辞酒味薄，黍地无人耕。兵革既未息，儿童尽东征。

请为父老歌，艰难愧深情。歌罢仰天叹，四座泪纵横。

这首诗的大意是，成群的鸡正在乱叫，客人来时，鸡又争又斗。把鸡赶上了树端，这才听到有人在敲柴门。四五位村中的年长者，来慰问我由远地归来。手里都带着礼物，倒上一杯杯的浊酒和清酒，一再解释说："酒味为什么淡薄，是由于田地没人去耕耘。战争尚未停息，孩儿全都东征去了。"请让我为父老歌唱，在艰难的生活里，领受你们深厚的情谊，真是惭愧。吟唱完毕，杜甫不禁仰天长叹，在座的客人也都热泪纵横不绝，悲伤至极。

《羌村三首》内容各异，从三个不同的角度，展现了杜甫回家省亲时的生活片断，客观真实地再现了唐代安史之乱中，黎民苍生颠沛流离、妻离子散、朝不保夕的悲苦境况。这三首诗蝉联而下，构成了诗人的"还乡三部曲"。

愤恨胡虏，喜闻官军收两京

在唐肃宗于灵武（今宁夏灵武西南）登基不久，宰相房琯就强烈要求带兵去攻打长安。在房琯的软磨硬泡之下，肃宗李亨只好同意他率领刚刚征集到的数万唐军进攻长安。结果唐军遭受大败。随后，河北诸郡又相继陷落。

对于如何平定安史叛军，唐肃宗一直忧心忡忡。于是，肃宗问计于侍谋军国、元帅府行军长史李泌。李泌基于叛军势力的明显优势，反对急于收复两京，也就是西京长安，东京洛阳。李泌主张令李光弼从太原出井陉（今河北省石家庄市境内），牵制河北的史思明和安忠志；令郭子仪由冯翊（今陕西省大荔县）入河东（今山东省永济西南蒲州镇），使安守忠和田干真不敢离开长安；肃宗皇帝亲自率领所征之兵进驻扶风，与郭子仪、李光弼轮番出击，叛军救首则击其尾，救尾则击其首，使其往来数千里，疲于奔命。这样，官军以逸待劳，叛军至则避其锋，去则乘其弊，不攻城，不遏路。待到明年春天，再直取范阳，覆其巢穴，然后大军四合，围歼中原叛军，就可以彻底平定叛乱。

对于李泌提出的计划，肃宗李亨非常欣赏，并于至德二年（757 年）二月，进驻凤翔（今陕西省凤翔县），命郭子仪收复河东。

随后，陇右、河西、安西、西域等地的军队已陆续会齐，从江淮征发的物资粮草也已经运抵汉中。

就在这时，叛军内部发生分裂，安庆绪将他的父亲安禄山杀死在宫中，自己在洛阳称帝。唐肃宗鉴于反攻条件已经具备，便拒绝采纳李泌再次提出的先取范阳的建议，而决定先攻打两京。唐肃宗至德二年四月，任命郭子仪为天下兵马副元帅，授以平定叛乱、收复两京的重任。

至德二年五月，郭子仪率军进攻长安，在长安城西清渠遭到安军步骑夹击，随后败退武功（今陕西省武功县西北）。

唐军经过四个多月的整顿和准备之后，至德二年九月十二日，兵马元帅广平王李俶、副元帅郭子仪率兵 15 万，并借回纥 4000 兵将，再次攻打长安。二十七日，唐军进至长安西，列阵于香积寺（今陕西省长安市南）北、沣水之东，与列阵于唐军北面的 10 万安史叛军展开激战。在唐军的两面夹击之下，判军大败，被歼 6 万余人。当夜，叛军撤离长安东逃。但唐军没有乘胜追击，于二十八日收复长安。

唐军进入长安三日后，李俶率主力部队东进。此时，安庆绪为确保洛阳，命严庄率洛阳主力部队西上，与从长安退保陕郡（治今河南三门峡市西）的张通儒部合力阻击唐军。十月十五日，郭子仪部与叛军在陕郡城西新店遭遇。判军依山列阵，郭子仪从正面进攻失利。回纥骑兵袭击叛军侧后，郭子仪乘机率部出击，安军大败，死伤众多。安庆绪闻听后，弃洛阳逃往邺城（今河南省安阳市）。十八日，唐军收复洛阳。至此，两京全部被唐军收复。

唐军在收复两京之战中，针对叛军骑兵精悍的特点，采取梯次配置、两面夹击的战术，又充分发挥回纥骑兵勇猛善战的特长，所以接连获胜。然而，唐肃宗急功近利，不采纳李泌先取范阳的建议，又将唐军几十万兵力集中于一个方向，没有多路配合，形成由西向东赶鸭子的局面。攻占长安和洛阳后，主帅又不及时组织追击，因而未能全歼叛军的有生力量，致使战事旷日持久。但军临贼境，势在必克。

杜甫闻听这个大快人心的消息后，欣然命笔，《喜闻官军已临贼境二十韵》：

> 胡虏潜京县，官军拥贼壕。鼎鱼犹假息，穴蚁欲何逃。
>
> 帐殿罗玄冕，辕门照白袍。秦山当警跸，汉苑入旌旄。
>
> 路失羊肠险，云横雉尾高。五原空壁垒，八水散风涛。
>
> 今日看天意，游魂贷尔曹。乞降那更得，尚诈莫徒劳。
>
> 元帅归龙种，司空握豹韬。前军苏武节，左将吕虔刀。
>
> 兵气回飞鸟，威声没巨鳌。戈铤开雪色，弓矢尚秋毫。
>
> 天步艰方尽，时和运更遭。谁云遗毒螫，已是沃腥臊。
>
> 睿想丹墀近，神行羽卫牢。花门腾绝漠，拓羯渡临洮。
>
> 此辈感恩至，赢俘何足操。锋先衣染血，骑突剑吹毛。
>
> 喜觉都城动，悲怜子女号。家家卖钗钏，只待献春醪。

这首诗写于至德二年九月。此诗题眼为"已临"二字，诗中笔笔体现"已"字，无一语放松，且笔笔含着喜气，喜意贯通全篇。诗人以昂扬、奋发的情感，铺陈官军将士的巨大声威，说他们就像热水涤荡腥臊那样彻底消灭叛军，而叛军就像鼎中之鱼苟延残喘，如穴中之蚁无处可逃。

全诗四十句二百字，字字犀利，句句雄壮，显示出笔能扛鼎的恢宏气势。中间如"今日看天意"与"此辈感恩至"，不用偶语，更觉顿起精神。"锋先""骑突"两词均采取倒用处理，更觉铦锐，诗末"悲""喜"兼用，情景交融，完全是喜极涕零语。一片快意飞动纸上，感人至深。

继《喜闻官军已临贼境二十韵》之后，杜甫于至德二年十月，又作了

《收京三首》。

其一

仙仗离丹极，妖星照玉除。须为下殿走，不可好楼居。

暂屈汾阳驾，聊飞燕将书。依然七庙略，更与万方初。

其二

生意甘衰白，天涯正寂寥。忽闻哀痛诏，又下圣明朝。

羽翼怀商老，文思忆帝尧。叨逢罪己日，沾洒望青霄。

其三

汗马收宫阙，春城铲贼壕。赏应歌杕杜，归及荐樱桃。

杂虏横戈数，功臣甲第高。万方频送喜，无乃圣躬劳。

第一首诗，从两京沦陷说到收复两京；第二首诗，写收复两京的喜悦；第三首诗，写对收复两京之后的担忧。

这组五言律诗，写于夔州，是杜甫晚年的代表作品。诗人将客观的真实叙述与主观强烈的抒情融为一体，显示了非凡的艺术功力，也表现了沉实高华的特点。诗人突破了早期创作中较多写实的风格，不拘泥于现实生活本身，融优美的音律、奇妙的构思、精练的诗句、华丽的色彩、深远的意象于一体，升华思想情感，追求艺术美感，空灵洒脱，汪洋恣肆，仪态万方。

感伤国事，长安败象思绪愁

至德二年（757 年）九月，唐肃宗的长子李俶与郭子仪率领 15 万大军，会合回纥怀仁可汗儿子所率领的军队，一起攻打安禄山叛军，一举收复了长安城。得到这一消息，杜甫的内心无比高兴。

至德二年十月，唐肃宗率领文武大臣回到长安。不久，杜甫和他的妻子儿女也从鄜州羌村回到了长安。

到了长安之后，唐肃宗便开始清理门户，进一步打击玄宗时期的老臣。把房琯、张镐、严武、贾至、高适、岑参等人贬出京城。而令杜甫暗自庆幸的是，这些被贬的官员，没有连累到他自己。

唐肃宗乾元元年（758 年）五月，唐肃宗赐给杜甫香罗和甲衣，让杜甫惊喜不已。于是，他提笔赋诗一首，题为《端午日赐衣》：

> 宫衣亦有名，端午被恩荣。细葛含风软，香罗叠雪轻。
> 自天题处湿，当暑著来清。意内称长短，终身荷圣情。

这首诗的意思是，端午佳节皇上赐予杜甫名贵的宫衣，恩宠有加。香罗衣是细葛纺成，柔软得风一吹就飘起，洁白的颜色宛如新雪。来自皇天雨露滋润，正当酷暑之时穿上它，感觉清凉无比。宫衣的长短均合心意，终身铭记皇上的恩情。

于是，身在长安的杜甫，又想起了唐玄宗李隆基，心里顿时产生一种五味杂陈的感觉。

长安有着3600多年的建城史，有着"自古长安帝王都"之称，曾经先后有17个王朝及政权在西安建都。长安是唐朝的政治、经济、文化中心，当时的"丝绸之路"就是以长安为起点。唐朝时期，长安城内的宫殿金碧辉煌，佛寺宝塔高耸九霄，东西两市繁荣无比，是世界的商业中心。而且诗歌繁盛空前绝后，音乐舞蹈纷繁多彩。唐朝的长安古城，是古代世界上最宏大壮丽的都城。

唐玄宗天宝十五年（756年）六月时，李隆基带领杨贵妃和丞相杨国忠弃长安逃亡西蜀。行至马嵬坡遭遇兵变，杨国忠被禁军将领所杀，杨贵妃被赐自缢。仅过一个月，太子李亨在灵武宣布继位，改元至德。

唐玄宗时期，杜甫在长安城内漂泊十年，对这里的自然风光、历史古迹、文化遗产、风土人情了如指掌。这一次他又回到长安，所见的是满目疮痍，山河破碎，古老的京城完全失去了昔日的辉煌。所有的宫殿官邸有的毁之一炬，有的残损不堪。留在长安的嫔妃、官员、百姓惨遭杀戮，甚至连婴儿都不能幸免于难。长安街头尸横遍地，臭气熏天，惨不忍睹。想象得到，叛军攻入长安城时，一边把搜刮的金银财宝一车一车运往范阳（今河北省保定市境内），一边在长安市上饮酒高歌，寻欢作乐……

杜甫看到这种惨状，满腔悲愤地写了一首《哀江头》：

> 少陵野老吞声哭，春日潜行曲江曲。
>
> 江头宫殿锁千门，细柳新蒲为谁绿？
>
> 忆昔霓旌下南苑，苑中万物生颜色。

昭阳殿里第一人，同辇随君侍君侧。

辇前才人带弓箭，白马嚼啮黄金勒。

翻身向天仰射云，一笑正坠双飞翼。

明眸皓齿今何在？血污游魂归不得。

清渭东流剑阁深，去住彼此无消息。

人生有情泪沾臆，江水江花岂终极！

黄昏胡骑尘满城，欲往城南望城北。

这首诗的前半首，回忆唐玄宗与杨贵妃游幸曲江的盛事；后半首感伤杨贵妃之死和玄宗出逃。诗人无限哀叹曲江的昔盛今衰，描绘了长安在遭到安史叛军洗劫后的萧条冷落景象，表达了诗人真诚的爱国情怀及对国破家亡的深哀巨恸之情。全诗层次清晰，结构严整，首尾照应，艺术构思缜密，语言形象精练，给人以身临其境之感。

安史叛军占领长安城后，那些王子王孙、金枝玉叶、文武大臣，也难免遭遇流亡和杀戮，包括当朝皇上及嫔妃。

杨玉环死后葬于渭水之滨，而李隆基远在剑门之外，阴阳两隔，已经是"此恨绵绵无绝期"。为此，杜甫非常伤感地写了一首《哀王孙》：

长安城头头白乌，夜飞延秋门上呼。

又向人家啄大屋，屋底达官走避胡。

金鞭断折九马死，骨肉不得同驰驱。

腰下宝玦青珊瑚，可怜王孙泣路隅。

问之不肯道姓名，但道困苦乞为奴。

已经百日窜荆棘，身上无有完肌肤。

高帝子孙尽隆准，龙种自与常人殊。

豺狼在邑龙在野，王孙善保千金躯。

不敢长语临交衢，且为王孙立斯须。

昨夜东风吹血腥，东来橐驼满旧都。

朔方健儿好身手，昔何勇锐今何愚。

窃闻天子已传位，圣德北服南单于。

这首诗所表达的意思是，原来居住在华堂高殿中的王孙贵族们，已经纷纷逃出长安。"金鞭断折九马死"说的是，慌忙的逃命途中，把金子装饰的马鞭都打断了，还打死了九匹马，可见奔逃时候的惶恐之状。他们在逃跑的时候，因为特别急、特别快，有的人连自己的孩子都没有全部带走，以至于出现了"可怜王孙泣路隅"局面。孩子因为失去了父母，被父母遗弃在长安城中，正在路边哭泣。"问之不肯道姓名，但道困苦乞为奴"一句是说，这些昔日的王公贵族的子孙，不敢说出自己的姓名，生怕被胡兵抓去做俘虏，只是告诉诗人，他现在困苦交加，哪怕做别人家的奴仆也心甘情愿，只要能够活命。这个孩子已经在荆棘中躲藏了好多天了，身上没有一块完整的皮肤了，到处都是伤。在这样的情况下，杜甫还是安慰这些孩子，让他们保住性命，相信唐兵一定会打回来的，长安城里的王气依然存在，国家不会亡，昔日的繁华一定会再回来。由此可见，杜甫虽然身处乱中，仍然心系国家，仍然对未来充满必胜的信心。杜甫虽然身在长安城中，但仍然通过不同的渠道，来了解当时战争的时局。

在这首诗中，杜甫对那些王子王孙在战乱中颠沛流离，遭受种种苦楚，既寄予了深深的同情，又含蓄地规劝统治者应居安思危，不可一味地贪图享乐。

杜甫虽然身为八品小吏，但依然密切关注战事发展，忧国忧民之心不改。他深深记得，在他得知丞相房琯指挥的四万人马，与叛军在陈陶交战几乎全军覆没的沉痛消息时，曾经异常悲痛，失望至极，并挥笔写下了《悲陈陶》：

> 孟冬十郡良家子，血作陈陶泽中水。
> 野旷天清无战声，四万义军同日死。
> 群胡归来血洗箭，仍唱胡歌饮都市。
> 都人回面向北啼，日夜更望官军至。

从这首诗中，可见陈陶之战的惨烈程度。但是，杜甫从战士的牺牲中，从宇宙的沉默气氛中，从人民悲哀的心情上，仍然发现并写出了悲壮之美。这种美，能给人以力量，鼓舞人民为讨平叛乱而继续斗争。

这次返回长安城，杜甫还饱蘸血泪写就了一首《春望》，并流传千古：

> 国破山河在，城春草木深。感时花溅泪，恨别鸟惊心。
> 烽火连三月，家书抵万金。白首骚更短，浑欲不胜簪。

诗人目睹沦陷后的都城败相，又思家情切，不免感慨万端。

全诗沉着蕴藉，真挚自然，反映了诗人热爱祖国，眷念家人的感情。曾有人这样评论这首诗："意脉贯通而平直，情景兼备而不游离，感情强烈而不浅露，内容丰富而不芜杂，格律严谨而不板滞。"这样的评价，真是恰如其分。

这首诗中的"烽火连三月，家书抵万金"，更是成为流传千古的名言佳句。

悲叹世道，三吏三别呼疾苦

唐肃宗至德二年（公元 757 年）九月，唐军收复了西京长安。十月，唐军又一鼓作气收复了东京洛阳。

得知洛阳被收复的消息，杜甫非常激动。至德三年初，他就带着妻子杨氏和几个孩子，千里迢迢、跋山涉水地回到了洛阳老家。由于战乱和寻找工作等原因，杜甫与家人聚少离多。他一直十分牵挂颠沛流离中的妻子和孩子。这次回洛阳，他还专门向华州的州官告假。此后，一家人度过了一段短暂的美好时光。

杜甫尽管已经有了辞官归隐的念头，但他在家仅仅住一个月后，感觉还是应该回到华州，去做八品的司功参军，以贴补家里的生活。

杜甫从洛阳返回华州的途中，经过新安、潼关、石壕等地，所见都是走不动的老妪和老翁。

当时，为了反击安史叛军，唐军亟待补充兵员。因此，唐军到处抓人充军，搞得各个地方鸡飞狗跳，乡村十室九空。老百姓怨声载道，痛苦不堪。

见此情景，杜甫深情地写下"三吏"和"三别"这样的经典之作，深刻写出了备受战乱摧残的老百姓的困苦生活，以及诗人在乱世之中身世飘荡的孤独，也表达了诗人对老百姓的深切同情。

杜甫所写的"三吏"是：《新安吏》《石壕吏》和《潼关吏》。

《新安吏》：

客行新安道，喧呼闻点兵。借问新安吏，县小更无丁？

府帖昨夜下，次选中男行。中男绝短小，何以守王城？

肥男有母送，瘦男独伶俜。白水暮东流，青山犹哭声。

莫自使眼枯，收汝泪纵横。眼枯即见骨，天地终无情！

我军取相州，日夕望其平。岂意贼难料，归军星散营。

就粮近故垒，练卒依旧京。掘壕不到水，牧马役亦轻。

况乃王师顺，抚养甚分明。送行勿泣血，仆射如父兄。

诗中借问答之辞，据实直书，描写了征兵征到一个尚未成年的孩子身上。杜甫对这个孩子既同情又鼓励，从中可以看出他的矛盾心理，其中蕴含一种国家有难、匹夫有责的道理。

《石壕吏》：

暮投石壕村，有吏夜捉人。老翁逾墙走，老妇出门看。

吏呼一何怒！妇啼一何苦！听妇前致词：三男邺城戍。

一男附书至，二男新战死。存者且偷生，死者长已矣！

室中更无人，惟有乳下孙，有孙母未去，出入无完裙。

老妪力虽衰，请从吏夜归，急应河阳役，犹得备晨炊。

夜久语声绝，如闻泣幽咽。天明登前途，独与老翁别。

诗中描写了差吏到石壕村乘夜捉人征兵，老翁翻墙逃走，连年老力衰的老妇也被抓服役的事情。诗人揭露了官吏的残暴和兵役制度的黑暗，对安史之乱中人民遭受的苦难深表同情。

《潼关吏》：

士卒何草草，筑城潼关道。大城铁不如，小城万丈余。

借问潼关吏：修关还备胡？要我下马行，为我指山隅：

连云列战格，飞鸟不能逾。胡来但自守，岂复忧西都。

丈人视要处，窄狭容单车。艰难奋长戟，万古用一夫。

哀哉桃林战，百万化为鱼。请嘱防关将，慎勿学哥舒！

这首诗，杜甫在告诫戍守潼关东大门的唐军，不要再犯哥舒翰的错误，意在不忘前车之鉴。

诗人所指的教训是，天宝十五年（756年），占据洛阳的安禄山派兵攻打潼关。当时，守将哥舒翰本拟坚守，但为杨国忠所疑忌。在杨国忠的怂恿下，唐玄宗派宦官至潼关督战。哥舒翰不得已领兵出战，结果全军覆没，许多将士被淹死在黄河里。

杜甫所写的"三别"是：《新婚别》《垂老别》《无家别》。

《新婚别》：

菟丝附蓬麻，引蔓故不长。嫁女与征夫，不如弃路旁。

结发为君妻，席不暖君床。暮婚晨告别，无乃太匆忙！

君行虽不远，守边赴河阳。妾身未分明，何以拜姑嫜？

父母养我时，日夜令我藏。生女有所归，鸡狗亦得将。

君今往死地，沉痛迫中肠。誓欲随君去，形势反苍黄。

勿为新婚念，努力事戎行！妇人在军中，兵气恐不扬。

自嗟贫家女，久致罗襦裳。罗襦不复施，对君洗红妆。

仰视百鸟飞，大小必双翔。人事多错迕，与君永相望！

这首诗，杜甫精心塑造了一个新婚不久，深明大义的少妇形象。杜甫采用独白的形式，全篇先后用了七个"君"字，都是新娘对新郎倾吐的肺腑之言，读来感人至深。

《垂老别》

四郊未宁静，垂老不得安。子孙阵亡尽，焉用身独完？

投杖出门去，同行为辛酸。幸有牙齿存，所悲骨髓乾。

男儿既介胄，长揖别上官。老妻卧路啼，岁暮衣裳单。

孰知是死别？且复伤其寒。此去必不归，还闻劝加餐。

土门壁甚坚，杏园度亦难。势异邺城下，纵死时犹宽。

人生有离合，岂择衰盛端。忆昔少壮日，迟回竟长叹。

万国尽征戍，烽火被冈峦。积尸草木腥，流血川原丹。

何乡为乐土？安敢尚盘桓？弃绝蓬室居，塌然摧肺肝。

这首诗描写的是，一个只有两位老人的家庭，已经没有孩子可以出征了，但官吏将年老体衰的老人征兵入伍。临行之前，老人与老伴做最后的生死诀别。

《无家别》：

寂寞天宝后，园庐但蒿藜。我里百余家，世乱各东西。

存者无消息，死者为尘泥。贱子因阵败，归来寻旧蹊。

久行见空巷，日瘦气惨凄。但对狐与狸，竖毛怒我啼。

四邻何所有？一二老寡妻。宿鸟恋本枝，安辞且穷栖。

方春独荷锄，日暮还灌畦。县吏知我至，召令习鼓鞞。

虽从本州役，内顾无所携。近行止一身，远去终转迷。

家乡既荡尽，远近理亦齐。永痛长病母，五年委沟溪。

生我不得力，终身两酸嘶。人生无家别，何以为蒸黎！

    杜甫在这首诗里，叙述主人公刚刚从战场上回到家里。可是，家已经荡然无存，却又一次被官府征兵，再次入伍。他独身一人，既无人为他送别，又无人可以告别。在踏上征途之际，依然情不自禁地自言自语，仿佛是对老天爷诉说他无家可别的悲哀。

    杜甫的"三吏""三别"这两组诗，写出了战乱时期人民蒙受妻离子散、家破人亡的浩劫，赞扬了人民坚强不屈的战斗精神，表达了诗人对广大人民的深切同情。这几首诗，无疑代表了唐代诗歌创作的最高水平。

遭受干旱，无奈弃官赴秦州

唐肃宗至德二年（公元 757 年）年底，杜甫带着妻子和儿女，来到华州，重新做起了八品的司功参军。

在华州的司功参军一职上，杜甫做了很多工作。他替华州的郭使君写了《进灭残寇形势图状》，分析敌我形势，提出唐军应该如何剿灭邺城叛军的看法。他在《乾元元年华州试进士策问五首》中，从人民的利益出发，提出了战乱中关于赋税、交通、征役、币制等具体问题，表述了他休养生息治邦安民的拳拳之心。

当时，天灾战乱并存，各地物价猛涨，通货膨胀。杜甫那点俸禄，也只够买半斗粮食，一家人几乎没有活路。而那些毫无收入来源的黎民百姓，又怎样生活呢？杜甫亲眼目睹大路上到处是沿途乞讨的流民和饿殍。

国家财政支出极度紧张，甚至用卖官的方式来弥补财政短缺。

回纥派兵帮助唐军收复长安和洛阳时，曾与唐肃宗有约，人民和土地归大唐所有，而金帛妇女任由他们掠夺。洛阳收复以后，回纥军队在洛阳抢劫了三天三夜，甚至刮地三尺，人民痛不欲生。更加严重的是，唐肃宗李亨还把自己的亲生女儿宁国公主，嫁给了回纥 60 多岁的老可汗作为答谢。每年，唐朝还要赠给回纥丝绢两万匹。

此时，吐蕃乘虚占领了大唐西方要塞；大食（当时对阿拉伯人的统称）登上南海海岸，围攻广州，唐朝由征服外族变为被外族入侵。虽然国家处在危机四伏之中，但唐肃宗还在迷信神仙，对人民的疾苦置若罔闻。

面对朝廷腐败，奸佞当权，百姓怨声载道、流离失所，志向高远的杜甫异常愤懑，对自己的政治信仰产生了动摇。

唐肃宗乾元二年（759年）夏天，华州及关中发生了多年少见的大旱。为此，杜甫写下《夏日叹》这首诗：

夏日出东北，陵天经中街。朱光彻厚地，郁蒸何由开。

上苍久无雷，无乃号令乖。雨降不濡物，良田起黄埃。

飞鸟苦热死，池鱼涸其泥。万人尚流冗，举目唯蒿莱。

至今大河北，化作虎与豺。浩荡想幽蓟，王师安在哉。

对食不能餐，我心殊未谐。眇然贞观初，难与数子偕。

这首诗的前半部分主要写这次旱灾，后半部分写战乱。诗人对天灾人祸表达了无限的感慨，痛心国难当头和人民疾苦。

这年立秋后，杜甫因对污浊的时政痛心疾首，从而放弃了华州司功参军的职务，带着一家人奔赴秦州。

杜甫因何要奔赴秦州？这里面还有一段隐情。唐肃宗继位后，在宰相李林甫的挑唆下，极力打击唐玄宗旧日所用官吏，房琯就是其中之一。而杜甫恰恰与房琯同属一派，因而必受株连。所以，他辞官西去即是主动，也是被动，其实是不得不走这一步。

唐肃宗乾元二年秋，已经48岁的杜甫，开始了他一生之中最遥远的大迁徙。

秦州位于如今的甘肃省天水一带。杜甫之所以选择奔赴秦州，一是因为那里没有关中平原和中原大地的战事纷扰，相对来说，是一块比较宁静，比较平安的地方。二是去那里投亲靠友。秦州西枝村有他的旧友赞公。赞公因房琯一案受到牵连而被贬秦州，在京东大云寺做住持。秦州东柯谷有他的从侄儿杜佐。杜佐在襄阳做节度使，在秦州有一个小庄园，里面种植瓜果蔬菜，一派田园风光。民以食为天，小庄园对杜甫来说，有着很大的吸引力。

杜甫一家人经过长途跋涉来到秦州后，住在郊外一间又窄又暗的破房子里。这间房子，刮风进风，下雨漏雨。为此，他在《空囊》一诗中这样写道：

> 翠柏苦犹食，晨霞高可餐。世人共卤莽，吾道属艰难。
>
> 不爨井晨冻，无衣床夜寒。囊空恐羞涩，留得一钱看。

这首诗的意思是说，纵然翠柏味苦，朝霞高高，也还可以当作饭餐。世人大多苟且偷生，我持节守道显得异常艰难。早晨开不了火，井水也冻了，夜来无衣难以御寒。太贫穷了，害怕别人笑话，袋中还是应该留下一文钱。

从这首诗中可以看出，杜甫此时生活极其艰难。

他在《佐还山后寄三首》的其二中，描写了向侄儿杜佐借米的情景：

> 白露黄粱熟，分张素有期。已应春得细，颇觉寄来迟。
>
> 味岂同金菊，香宜配绿葵。老人他日爱，正想滑流匙。

诗中说，不但没有借到米，杜佐还躲得远远的，真是应了那句话，"穷在大街无人问，富在深山有远亲"。为了一家老小的温饱，杜甫不得不起早贪黑采药、卖药，换取粮食衣物，有时也靠朋友接济，日子过得吃了上顿没下顿。

一家人在秦州实在坚持不下去了，便再次进行迁徙。

但在秦州生活的三个多月时间里，杜甫遍游秦州的山川古迹，寻访民情风俗，写下了110多首脍炙人口的诗篇，为我们留下了宝贵的文化遗产。

离开秦州后，杜甫应同谷县令之约来到同谷县。可到了那里，同谷县令却没了踪影，杜甫全家再度陷入困境。杜甫在《乾元中寓居同谷县作歌七首》中，第一首是这样写的：

> 有客有客字子美，白头乱发垂过耳。
>
> 岁拾橡栗随狙公，天寒日暮山谷里。
>
> 中原无书归不得，手脚冻皴皮肉死。
>
> 呜呼一歌兮歌已哀，悲风为我从天来！

意思是说，诗人满头蓬乱的头发盖过了耳朵。终日跟在猿猴的后面，捡些橡树籽充饥。还是在这样的大冷天，山谷里太阳也下山了。中原还是音信不通，不能贸然回去。他的手脚都冻得开裂了，皮肉坏死。于是，诗人唱起第一首歌，悲伤不已，凄凉的风又从天上刮来。凄凉、悲惨之状力透纸背。

盛赞京师，捷书日至收故土

自安史之乱爆发后，杜甫几乎一直在奔波，往来于鄜州、长安、凤翔、华州、秦州等地，过着居无定所、颠沛流离的战乱生活。但他时刻关心前方战况，渴望国家太平，希望人民能够安居乐业。

唐肃宗至德二年（757年）十月，洛阳收复后，叛军首领安庆绪出走河北，退守邺郡（今河南省安阳市境内）。

至德二年十一月，张镐率五节度使联手攻下河南、河东诸郡县，让全国人民为之一振。

唐肃宗乾元元年（758年）十月，郭子仪自杏园（今河南省卫辉市东南）横渡黄河，大破安庆绪叛军，并派遣使者向肃宗李亨告捷，又一喜讯迅速传遍全国。

乾元元年十一月，崔光远率领大军攻下叛军占领的魏州（今河北省大名县）。

与此同时，唐朝大军其余各处京师诸将也是捷报频传，正所谓"捷书夜报清昼同"。

乾元元年冬，杜甫在《乾元元年华州试进士策问五首》一诗中写道："山东之诸将云合，淇上之捷书日至。"意思是官军势如破竹，胜利在即。

这是唐军与叛军进入战略决战以来，所取得的一次巨大胜利。当身为元帅的广平王李俶率军进入长安时，城内的百姓扶老携幼夹道相迎。他们呜咽着、欢呼着，为从此结束朝不保夕的动荡生活而庆幸，为摆脱叛军野蛮的铁蹄蹂躏而欢庆。随后，李俶率主力东进。

听到官军收复长安和洛阳的消息后，杜甫万分激动，手舞足蹈，喜形于色，感觉胜利已成定局。于是，他在兴奋之余挥笔写下了《洗兵马》这首诗：

中兴诸将收山东，捷书夜报清昼同。

河广传闻一苇过，胡危命在破竹中。

祗残邺城不日得，独任朔方无限功。

京师皆骑汗血马，回纥喂肉葡萄宫。

已喜皇威清海岱，常思仙仗过崆峒。

三年笛里关山月，万国兵前草木风。

成王功大心转小，郭相谋深古来少。

司徒清鉴悬明镜，尚书气与秋天杳。

二三豪俊为时出，整顿乾坤济时了。

东走无复忆鲈鱼，南飞觉有安巢鸟。

青春复随冠冕入，紫禁正耐烟花绕。

鹤禁通宵凤辇备，鸡鸣问寝龙楼晓。

攀龙附凤势莫当，天下尽化为侯王。

汝等岂知蒙帝力，时来不得夸身强。

关中既留萧丞相，幕下复用张子房。

张公一生江海客，身长九尺须眉苍。

征起适遇风云会，扶颠始知筹策良。

青袍白马更何有，后汉今周喜再昌。

寸地尺天皆入贡，奇祥异瑞争来送。

不知何国致白环，复道诸山得银瓮。

隐士休歌紫芝曲，词人解撰河清颂。

田家望望惜雨干，布谷处处催春种。

淇上健儿归莫懒，城南思妇愁多梦。

安得壮士挽天河，净洗甲兵长不用。

据推测，此诗作于长安和洛阳收复之后、唐军兵败相州之前。当时，平叛战争形势很好，大有一举复兴的希望。所以，诗中有很多欣喜愿望之辞。

全诗可分四段，每段一韵，每韵十二句。且平仄相同，笔力矫健，词气苍老，义正词严，足见诗人深稳超拔的政治气度。

第一段，从"中兴诸将收山东"至"万国军前草木风"。以歌颂战局的神变为开端。写官军围邺，胜利在望的大好局势。唐室在中兴诸将的努力下，捷报昼夜频传，已光复华山以东包括河北大片土地。

第二段，从"成王功大心转小"到"鸡鸣问寝龙楼晓"。逆接开篇"中兴诸将"四字，以铺张排比句式，赞扬李豫、郭子仪、李光弼等中兴名将力挽乾坤之功，喜收失地后的中兴气象。

第三段，从"攀龙附凤势莫当"至"后汉今周喜再昌"。一开头就揭示一种政治弊端：朝廷赏爵太滥，许多投机者无功受禄，一时有"天下尽化为侯王"之虞。

第四段，从"寸地尺天皆入贡"到篇终。先用六句申明"后汉今周喜再昌"之意，说四方皆来入贡，海内遍呈祥瑞，举国称贺，祈盼从此乱定民康，天下太平。

杜甫希冀早日结束战乱，洗净兵甲，永不复用。与此同时，他在诗中还用暗喻的方式，表达了对朝廷的弊政的不满和反感。因此，此诗有着鼓舞和警惕的双重含义。

这首诗的基调是歌颂胜利，庆祝中兴，渴望太平，热烈欢畅。又喜中含忧，颂中寓讽，意味深长，但义正词严，情深气壮。全诗将诗人杜甫那种热切关怀国家命运、充满乐观信念的感情传达得兴致淋漓，是一曲展望胜利的颂歌。

诗中对大好形势下出现的某些不良现象，虽有批评和忧虑，但并不影响杜甫对整体形势的兴奋与乐观。诗章以宏亮的声调，壮丽的词句，浪漫夸张的语气，表达了极大的喜悦和歌颂。杜甫的诗原本以"沉郁"的诗风见称，而此篇是杜甫古风中的别调。

从艺术形式看，全诗采用华丽严整、兼有古近体之长的"四杰体"。词藻富赡，对偶工整，用典精切，气势雄浑阔大，与诗歌表达的喜庆内容完全相宜。诗的韵脚，逐段平仄互换；声调上忽疾忽徐，忽翕忽张，热情奔放中富有顿挫之致，词句清丽而富有苍劲之气。诗句跌宕起伏，大大增强了诗篇的艺术感染力。

"安得壮士挽天河，净洗甲兵长不用。"诗人用这两句诗，来表现对和平生活的渴望。他热情地幻想，有壮士挽来天河之水，尽洗天下甲兵，从而永远消灭战争，使人民安居乐业。这两句诗想象奇特大胆，语言夸张奔放，带有鲜明的浪漫主义色彩，在杜甫的1400多首诗篇中，堪称别具一格。

第六章

蜀中安身草堂逸事

弃官西迁，挈妇将雏走秦州

唐肃宗乾元二年（759 年）秋冬时节，杜甫一家人先后在秦州（今甘肃省天水市）和同谷（今甘肃省成县境内）游荡了三个多月的时间，几近于穷困潦倒的地步。

杜甫弃官西迁，实属无奈之举。在华州做司功参军，他经历了仕途挫折的打击和群小欺凌的痛苦。经过长久的反省和探索，他终于从思想感情上完成了日渐远离皇帝和走向人民的痛苦过渡，同时也清醒了头脑，打破了对朝廷的幻想，对政治前途已不抱什么希望。社会的黑暗和战乱的袭扰，使杜甫认识到，自己担任一官半职，很难对国家和人民有所作为。因此，杜甫经过痛苦的抉择，终于弃官而去，踏上迁徙秦州的道路。

杜甫携家眷颠沛流离、历尽艰险地来到秦州后，却因秦州羌胡杂居，吐蕃势力又不断扩张而无法再居住下去。在此期间，杜甫写了不少边塞题材的新作，成就了其诗歌创作的一个巅峰。

当时，已经 48 岁的杜甫在《秦州杂诗二十首》中写道：

一

满目悲生事，因人作远游。迟回度陇怯，浩荡及关愁。
水落鱼龙夜，山空鸟鼠秋。西征问烽火，心折此淹留。

二

秦州城北寺，胜迹隗嚣宫。苔藓山门古，丹青野殿空。
月明垂叶露，云逐渡溪风。清渭无情极，愁时独向东。

三

州图领同谷，驿道出流沙。降虏兼千帐，居人有万家。
马骄珠汗落，胡舞白蹄斜。年少临洮子，西来亦自夸。

四

鼓角缘边郡，川原欲夜时。秋听殷地发，风散入云悲。
抱叶寒蝉静，归来独鸟迟。万方声一概，吾道竟何之。

五

南使宜天马，由来万匹强。浮云连阵没，秋草遍山长。
闻说真龙种，仍残老骕骦。哀鸣思战斗，迥立向苍苍。

六

城上胡笳奏，山边汉节归。防河赴沧海，奉诏发金微。
士苦形骸黑，旌疏鸟兽稀。那闻往来戍，恨解邺城围。

七

莽莽万重山，孤城山谷间。无风云出塞，不夜月临关。
属国归何晚，楼兰斩未还。烟尘一怅望，衰飒正摧颜。

八

闻道寻源使，从天此路回。牵牛去几许，宛马至今来。

一望幽燕隔，何时郡国开。东征健儿尽，羌笛暮吹哀。

九

今日明人眼，临池好驿亭。丛篁低地碧，高柳半天青。

稠叠多幽事，喧呼阅使星。老夫如有此，不异在郊坰。

十

云气接昆仑，涔涔塞雨繁。羌童看渭水，使客向河源。

烟火军中幕，牛羊岭上村。所居秋草净，正闭小蓬门。

十一

萧萧古塞冷，漠漠秋云低。黄鹄翅垂雨，苍鹰饥啄泥。

蓟门谁自北，汉将独征西。不意书生耳，临衰厌鼓鼙。

十二

山头南郭寺，水号北流泉。老树空庭得，清渠一邑传。

秋花危石底，晚景卧钟边。俯仰悲身世，溪风为飒然。

十三

传道东柯谷，深藏数十家。对门藤盖瓦，映竹水穿沙。

瘦地翻宜粟，阳坡可种瓜。船人相近报，但恐失桃花。

十四

万古仇池穴，潜通小有天。神鱼人不见，福地语真传。

近接西南境，长怀十九泉。何时一茅屋，送老白云边。

十五

未暇泛沧海，悠悠兵马间。塞门风落木，客舍雨连山。
阮籍行多兴，庞公隐不还。东柯遂疏懒，休镊鬓毛斑。

十六

东柯好崖谷，不与众峰群。落日邀双鸟，晴天揽白云。
野人矜险绝，水竹会平分。采药吾将老，儿童未遣闻。

十七

边秋阴易久，不复辨晨光。檐雨乱淋幔，山云低度墙。
鸬鹚窥浅井，蚯蚓上深堂。车马何萧索，门前百草长。

十八

地僻秋将尽，山高客未归。塞云多断续，边日少光辉。
警急烽常报，传闻檄屡飞。西戎外甥国，何得迕天威。

十九

凤林戈未息，鱼海路常难。候火云峰峻，悬军幕井干。
风连西极动，月过北庭寒。故老思飞将，何时议筑坛。

二十

唐尧真自圣，野老复何知。晒药能无妇，应门幸有儿。
藏书闻禹穴，读记忆仇池。为报鸳行旧，鹪鹩在一枝。

这二十首诗中，第一首的大意是：满眼看到的都是令人悲痛的生民百姓的疾苦，为了投奔亲人我才进行这次远游。由于心中很不踏实，越是接近陇西越是徘徊。等到攀上关隘，心中更是涌起了无边的忧愁！落水的河道，空旷的山谷，都笼罩在萧瑟、凋敝的气氛中。诗人一边向西跋涉，一边不断打听前方有无战事，心里暗暗叹息：此地不可久留。

在秦州期间，杜甫还成就了十二首秦州纪行诗。即：《发秦州》《赤谷》《铁堂峡》《盐井》《寒峡》《法镜寺》《青阳峡》《龙门镇》《石龛》《积草岭》《泥功山》和《凤凰台》。每首诗都是以地名为题，堪称是一组"陇道难"。诗中记述行程，描绘山川，真实记录了沿途所经之处和所见之景。我们从中既可以领略陇右山川的奇峻壮美，也能够感知杜甫一家长途跋涉在陇右山道上的艰辛与困苦。其中，《发秦州》是杜甫一家从秦州起程赴同谷县时写的：

> 我衰更懒拙，生事不自谋。无食问乐土，无衣思南州。
> 汉源十月交，天气凉如秋。草木未黄落，况闻山水幽。
> 栗亭名更嘉，下有良田畴。充肠多薯蓣，崖蜜亦易求。
> 密竹复冬笋，清池可方舟。虽伤旅寓远，庶遂平生游。
> 此邦俯要冲，实恐人事稠。应接非本性，登临未销忧。
> 溪谷无异石，塞田始微收。岂复慰老夫，惘然难久留。
> 日色隐孤戍，乌啼满城头。中宵驱车去，饮马寒塘流。
> 磊落星月高，苍茫云雾浮。大哉乾坤内，吾道长悠悠。

"无食问乐土，无衣思南州"，是杜甫离开秦州的主要原因，诗的中间部分描写了诗人对"乐土"同谷的向往，最后抒发了天涯羁旅的寥落之感。

杜甫到同谷后，没料到同谷境内的困苦状况不亚于秦州。此时，杜甫在诗歌创作上，开始由"官师"诗人向"平民"诗人转化，不再以官宦出身来作生活的旁观者和对朝政的进谏者。他在《同谷七歌》中写道：

> 有客有客字子美，白头乱发垂过耳。
> 岁拾橡栗随狙公，天寒日暮山谷里。

中原无书归不得，手脚冻皴皮肉死。

呜呼一歌兮歌已哀，悲风为我从天来！

长镵长镵白木柄，我生托子以为命！

黄独无苗山雪盛，短衣数挽不掩胫。

此时与子空归来，男呻女吟四壁静。

呜呼二歌兮歌始放，闾里为我色惆怅！

有弟有弟在远方，三人各瘦何人强？

生别展转不相见，胡尘暗天道路长。

东飞鸳鹅后鹙鸧，安得送我置汝旁！

呜呼三歌兮歌三发，汝归何处收兄骨？

有妹有妹在钟离，良人早殁诸孤痴。

长淮浪高蛟龙怒，十年不见来何时？

扁舟欲往箭满眼，杳杳南国多旌旗。

呜呼四歌兮歌四奏，林猿为我啼清昼！

四山多风溪水急，寒雨飒飒枯树湿。

黄蒿古城云不开，白狐跳梁黄狐立。

我生何为在穷谷？中夜起坐万感集！

呜呼五歌兮歌正长，魂招不来归故乡！

南有龙兮在山湫，古木巃嵸枝相樛。

木叶黄落龙正蛰，蝮蛇东来水上游。

我行怪此安敢出，拔剑欲斩且复休。

呜呼六歌兮歌思迟，溪壑为我回春姿！

男儿生不成名身已老，三年饥走荒山道。

长安卿相多少年，富贵应须致身早。

山中儒生旧相识，但话宿昔伤怀抱。

呜呼七歌兮悄终曲，仰视皇天白日速！

这首诗，是诗人生活最为困窘的写照，展示了他当时复杂不平的心态，真切感人，融合了屈原等前人诗歌艺术表现手法并有所突破，使激越的悲情得到了动人的传达，标志着杜甫前期、后期思想转型的最终完成。

乾元二年十二月，杜甫不得不带领家人起程赴蜀（今四川省成都市），沿途又写下了十二首同谷纪行诗。即：《发同谷县》《木皮岭》《白沙渡》《水会渡》《飞仙阁》《五盘》《龙门阁》《石柜阁》《桔柏阁》《剑门》《鹿头山》和《成都府》。其中的《发同谷县》以坦然、悲悯、踏实、忠于自我为特点，在思想艺术方面取得了令人瞩目的突破。

贤有不黔突，圣有不暖席。况我饥愚人，焉能尚安宅？

始来兹山中，休驾喜地僻。奈何迫物累，一岁四行役！

忡忡去绝境，杳杳更远适。停骖龙潭云，回首虎崖石。

临歧别数子，握手泪再滴。交情无旧深，穷老多惨戚。

平生懒拙意，偶值栖遁迹。去住与愿违，仰惭林间翮。

杜甫在秦州和同谷两地所创作的诗，自主色彩浓郁，袒露灵魂，洗尽铅华，展示了陇蜀山水的本地风光，情思丰富，真切感人。

定居成都，浣花溪畔筑草堂

唐肃宗乾元三年（760年）暮秋，杜甫携妻儿历尽艰辛，来到成都，寄居在西蜀浣花溪的寺庙里。寺庙僧人复空非常同情杜甫一家的遭遇，给杜甫很大的方便和照顾。但住在寺庙里总不是长久之计，于是，杜甫每天在浣花溪边寻找可安身之地。

浣花溪是锦江上很短的一段河流。小溪从一座廊桥下淌过，河水潺潺流淌，白色的鹅卵石清晰可见。南来的溪流在此汇聚，形成一片湖泊，东去的流水陡然从大岩石上跌落，便成了小小的瀑布，为满眼的绿色增添了律动和情趣。

浣花溪还流传着一个浣花夫人的故事。传说浣花夫人是唐代浣花溪边一个农家的女儿。她年轻的时候，有一天在溪畔洗衣，遇到一个遍体生疮的过路僧人。这个僧人脱下沾满污泥的袈裟，请求姑娘替他洗净袈裟，姑娘欣然应允。当姑娘在溪中洗涤袈裟时，奇迹发生了。只见水面漂浮起许多美丽的莲花骨朵，霎时间莲花就错落有致地开满小溪，浣花溪因此得名。

唐肃宗上元元年（760）夏天，杜甫在这个湖光山色如此清幽的地方，找到一块荒地，并亲手把它开垦出来，在一棵200多年的楠树旁，建造了一座草房，世称"浣花草堂"，后来，人们习惯称之为"杜甫草堂"。

　　从杜甫的多首诗句中，可以判断浣花草堂的幽雅及方位。例如："浣花溪水水西头""万里桥西一草堂""背郭堂成荫白茅""时出碧鸡坊，西郊向草堂""万里桥西宅，百花潭北庄""茅堂石笋西""结庐锦水边""西岭纡村北"等等。根据这些优美的诗句可以推测，杜甫的浣花草堂背向成都，在少城碧鸡坊石笋街外、百花潭北、万里桥及浣花溪以西，临近锦江西北侧，可以望见山巅终年积雪的西岭。如此美妙的环境，成就了杜甫许多流传千古的精美诗篇。

　　至此，杜甫一家人的生活暂时得到了安宁。杜甫每天都可以与妻子儿女生活在一起，重新获得了天伦之乐。

　　就是这座朴素简陋的草房，后来成为中国文学史上的一块圣地。从古到今，人们一旦提起杜甫时，即使有可能忽略他的生和死，也不会忘记成都的杜甫草堂。

　　杜甫草堂虽然简陋，但对于饱受颠沛流离之苦的杜甫来说，已经非常满足，非常欣慰了。兴奋之余，杜甫作了一首《狂夫》：

　　　　万里桥西一草堂，百花潭水即沧浪。

　　　　风含翠篠娟娟净，雨裛红蕖冉冉香。

　　　　厚禄故人书断绝，恒饥稚子色凄凉。

　　　　欲填沟壑唯疏放，自笑狂夫老更狂。

　　这首诗的意思是说，万里桥西边就是我的破草房，没几个人来访，百花潭与我相伴，随遇而安，这就是沧浪。和风轻轻拥着翠绿的竹子，秀美光洁，飘雨慢慢洗着粉红色的荷花，阵阵清香。当了大官的朋友一阔就变脸，早与我断绝了来往，长久饥饿的小儿子，小脸凄凉，让我愧疚而感伤。我这老骨头快要扔进沟里了，无官无钱只剩个狂放，自己大笑啊，当年的狂夫老了却更狂！

在杜甫的诗中，向来不乏歌咏优美自然风光的佳作，更不乏抒写潦倒穷愁中开愁遣闷的名篇。而这首《狂夫》值得玩味之处，在于它将两种看似无法调合的情景成功地结合起来，形成一个完整的意境。一种是"风含翠篠""雨裛红蕖"的赏心悦目之景，一种是"凄凉""恒饥""欲填沟壑"的可悲可叹之事，全都由"狂夫"这一形象而统一起来。没有前半部分优美景致的描写，不足以表现"狂夫"的贫困不能移的精神；而没有后半部分潦倒生计的描述，"狂夫"就会失其所以为"狂夫"。两种成分，缺一不可。

杜甫在建造浣花草堂时，得到表弟王十五司马大力相助。为此，杜甫非常感动，写下了一首《王十五司马弟出郭相访，兼遗营草堂赀》：

> 客里何迁次，江边正寂寥。肯来寻一老，愁破是今朝。
>
> 忧我营茅栋，携钱过野桥。他乡唯表弟，还往莫辞遥。

诗中深切表达他对表弟的感激之情。

浣花草堂建成后，杜甫开始在房前屋后栽种各种花木，打造一片园林风光。

由于杜甫在经济上几乎一贫如洗，没有本钱种植花木，而草堂的每一棵苗木来源都与他的诗歌有关，堪称一字千金。

当年，他给向萧实写了一首《肖八明府实处觅桃栽》，其中有这样一句话："奉乞桃栽一百根，春前为送浣花村。"阳春三月，100 棵桃树苗来了。

他给曾做过绵竹令的韦续写了一首《从韦二明府续处觅绵竹》："华轩蔼蔼他年到，绵竹亭亭出县高。江上舍前无此物，幸分苍翠拂波涛。"于是，杜甫得到了绵竹县的绵竹树苗。

他在《诣徐卿觅果栽》中，委婉地向果园坊园主徐卿索求果苗、花苗说："草堂少花今欲栽，不问绿李与黄梅。"

他向何邕索要了蜀中特有的、三年便可成荫的桤树苗。

他向韦班要了几千棵松树苗。韦班在赠送杜甫树苗的同时，还赠送了大邑县的瓷碗。大邑为唐代四川地区白瓷产地，所产白瓷碗当具胎薄、质坚、音脆和釉白如雪等特征，与唐代著名邢窑白瓷相似。为此，杜甫特作了《又于韦处乞大邑瓷碗》这首诗：

> 大邑烧瓷轻且坚，扣如哀玉锦城传：
> 君家白碗胜霜雪，急送茅斋也可怜。

杜甫还写了一首《江村》，在这首诗里，诗人放笔咏怀，愉悦之情跃然纸上。

> 清江一曲抱村流，长夏江村事事幽。
> 自去自来堂上燕，相亲相近水中鸥。
> 老妻画纸为棋局，稚子敲针作钓钩。
> 但有故人供禄米，微躯此外更何求？

这首诗是说，清澈的江水曲折地绕村流过，长长的夏日里，村中的一切都显得幽雅。梁上的燕子自由自在地飞来飞去，水中的鸥鸟互相追逐嬉戏，亲亲热热。妻子在纸上画着棋盘，小儿敲针作鱼钩。我老了，多病的身体需要的只是治病的药物，除此之外，还有别的什么奢求呢？

杜甫来到成都后，离开了兵荒马乱、动荡不安的生活，目之所及都是美好的景物。蜻蜓翩飞，鸂鶒沉浮，荷叶田田，芦花曼舞，杜甫陶醉在浣花草堂美好的时光里，其间写出了许多清新优美的诗篇，美好的诗句像清澈的小溪一样在笔端汩汩流淌。

搭建水亭，春雨寄情喜亦忧

浣花草堂建成后，杜甫还在秀美的锦江岸边，搭建了多座简易的小巧玲珑的水亭，用来休闲、垂钓。杜甫站在水亭瞭望，满目风光，心情非常美好。他在《水槛遣心》中写道：

去郭轩楹敞，无村眺望赊。澄江平少岸，幽树晚多花。

细雨鱼儿出，微风燕子斜。城中十万户，此地两三家。

诗中描绘的看似草堂环境，但字里行间所蕴含的，却是诗人悠游闲适的心情和对大自然、对春天的热爱，以及对美好生活的流连和希望。

阳春三月，浣花溪山清水秀，草木葱茏，生机盎然，风光旖旎。一天夜里，一场绵绵小雨，好像知道春播时节似的，夜里伴着春风悄然飘落，无声地滋润着世间万物。田野小径的天空一片昏黑，唯有江边渔船上的一点渔火，放射出一线光芒，显得格外明亮。等天亮的时候，那潮湿的泥土上必定布满了红色的花瓣，锦官城的大街小巷也一定是一片万紫千红的景象。面对此情此景，杜甫心情愉悦，夜不能寐，欣然写下了一首《春夜喜雨》：

好雨知时节，当春乃发生。随风潜入夜，润物细无声。

野径云俱黑，江船火独明。晓看红湿处，花重锦官城。

这首诗大致写于上元二年（761年）春天。此时，杜甫在草堂亲自耕作，种菜养花，与农民交往，对春雨有着很深的感情，因而写下了这首描写春夜降雨、润泽万物的佳作。

这一年，当地的县太爷崔明府亲临浣花草堂，拜访大名鼎鼎的诗人杜甫。县太爷的到来，让杜甫喜出望外，随即兴赋诗一首，题为《客至》：

舍南舍北皆春水，但见群鸥日日来。

花径不曾缘客扫，蓬门今始为君开。

盘飧市远无兼味，樽酒家贫只旧醅。

肯与邻翁相对饮，隔篱呼取尽馀杯。

诗人在诗中说道：草堂的南北涨满了春水，只见鸥群日日结队飞来。老夫不曾为客扫过花径，今天才为您扫，这柴门不曾为客开过，今天为您打开。离市太远盘中没好菜肴，家底太薄只有陈酒招待。若肯邀请隔壁的老翁一同对饮，隔着篱笆唤来喝尽余杯！

上元二年暮春，暖风习习，芳草萋萋，杜甫漫步其中，自斟自饮，忘情于荣辱之间，作《徐步》直抒胸臆：

整履步青芜，荒庭日欲晡。芹泥随燕觜，花蕊上蜂须。

把酒从衣湿，吟诗信杖扶。敢论才见忌，实有醉如愚。

杜甫在诗中描写了自己闲庭信步的所见所想，前四句写细微之景，后四句写诗酒风雅之事，兼怀才不遇之憾。正所谓满腹心事，半含半吐，欲言又止。

杜甫不是一个四体不勤、五谷不分的人，他热爱人民，也热爱劳动。

杜甫在他的草堂边上开辟出一片药圃，种植草药，为民解除病痛。药圃里，到处留下他躬耕于野的足迹和身影。

他还要手持斧头到林间修整树木，把那些旁逸斜出的枝丫以及一丛丛多余的杂树砍掉。

百花凋零前，他要扛着锄头，带着孩子们在花园里根除有毒的莠草，手脚常常被莠草的芒刺扎到……

他在《除草》一诗中这样写道：

> 草有害于人，曾何生阻修。其毒甚蜂虿，其多弥道周。
>
> 清晨步前林，江色未散忧。芒刺在我眼，焉能待高秋。
>
> 霜露一沾凝，蕙叶亦难留。荷锄先童稚，日入仍讨求。
>
> 转致水中央，岂无双钓舟。顽根易滋蔓，敢使依旧丘。
>
> 自兹藩篱旷，更觉松竹幽。芟夷不可阙，疾恶信如雠。

无论生活如何改变，杜甫忧国忧民之心依旧。

上元二年夏，川西用石笋填海，目的是以镇海眼。杜甫认为这是封建迷信，便作了一首《石笋行》予以否定：

> 君不见益州城西门，陌上石笋双高蹲。
>
> 古来相传是海眼，苔藓蚀尽波涛痕。
>
> 雨多往往得瑟瑟，此事恍惚难明论。
>
> 恐是昔时卿相墓，立石为表今仍存。

> 惜哉俗态好蒙蔽，亦如小臣媚至尊。
>
> 政化错迕失大体，坐看倾危受厚恩。
>
> 嗟尔石笋擅虚名，后来未识犹骏奔。
>
> 安得壮士掷天外，使人不疑见本根。

在这首诗中，诗人指出蒙蔽百姓的世俗之见，如宦官献媚皇上，误国乱政，其害无穷。最后一句："安得壮士掷天外，使人不疑见本根。"表现了杜甫嫉恶如仇、反对迷信的鲜明态度，他为国担忧的科学理念，在当时那个年代是很难得的。

世事难料，风云突变。上元二年秋天，狂风大作，翻江倒海，浣花草堂的园林遭受了空前的破坏。碧绿如盖的树冠在风中摇曳，粗壮的树枝被肆虐的狂风刮断，有的树被连根拔起，那棵200多年的楠树也没有躲过这场劫难，直挺挺地横在了路上，浣花草堂一片狼藉。于是，杜甫作《楠树为风雨所拔叹》以记之：

> 倚江楠树草堂前，故老相传二百年。
>
> 诛茅卜居总为此，五月仿佛闻寒蝉。
>
> 东南飘风动地至，江翻石走流云气。
>
> 干排雷雨犹力争，根断泉源岂天意。
>
> 沧波老树性所爱，浦上童童一青盖。
>
> 野客频留惧雪霜，行人不过听竽籁。
>
> 虎倒龙颠委榛棘，泪痕血点垂胸臆。
>
> 我有新诗何处吟，草堂自此无颜色。

诗中可以看出，楠树的遭遇，让杜甫联想到他的坎坷经历与国难，暗自蹉跎，无限感伤。

　　尽管草堂周围的景色很秀丽，杜甫在那儿的生活也比较舒适安定。然而，饱尝乱离之苦的诗人，并没有忘记国难未除，故园难归。当他回忆起青少年时代的活泼强健，不免感叹当下的疲惫衰老，以及他乡漂泊的窘困，甚至强颜欢笑去求人接济。面对苍老的妻子和饥饿的孩子，诸多忧愁凝聚心头。

陶醉草堂，诗如泉涌意更浓

杜甫与妻子、儿女在浣花溪畔的草堂居住，感到非常满足，正如他在《江村》中所写的那样："但有故人供禄米，微躯此外更何求。"

春暖花开之时，草堂方圆十里绿树成荫，花团锦簇。杜甫时常就在草堂附近独自游览，陶醉于美好的景致之中。

浣花溪边有一户人家，主人叫黄四娘。黄四娘的家就坐落在花海之中，周围有林荫小路，繁花似锦，芳香四溢，引来莺歌燕舞，蝴蝶翩翩。

锦江岸边，浣花溪旁，成就了杜甫几百首美丽的诗篇，其中《江畔独步寻花》就有七首之多：

其一：
江上被花恼不彻，无处告诉只颠狂。
走觅南邻爱酒伴，经旬出饮独空床。

其二：
稠花乱蕊畏江滨，行步欹危实怕春。
诗酒尚堪驱使在，未须料理白头人。

其三：

江深竹静两三家，多事红花映白花。

报答春光知有处，应须美酒送生涯。

其四：

东望少城花满烟，百花高楼更可怜。

谁能载酒开金盏，唤取佳人舞绣筵。

其五：

黄师塔前江水东，春光懒困倚微风。

桃花一簇开无主，可爱深红爱浅红？

其六：

黄四娘家花满蹊，千朵万朵压枝低。

留连戏蝶时时舞，自在娇莺恰恰啼。

其七

不是爱花即欲死，只恐花尽老相催。

繁枝容易纷纷落，嫩蕊商量细细开。

这组诗说的是，在花开时节，杜甫本想寻伴同游赏花，却未能寻到，只好独自在成都锦江江畔散步。他每经历一处，就写一处；每写一处，就换一意。一连七首，共成一个体系。同时，每首诗又自成章法。

前四首分别描写恼花、怕春、报春、怜花而流露出悲愁的情怀；后三首显示出赏花时的喜悦之情，蕴含春光难留之意。

第一首，写杜甫被江边的春花弄得烦恼不堪，这种心情无处讲述，只好到处乱走。来到南邻想寻找酷爱饮酒的伙伴，不料他床已空，十天前便外出饮酒。也就是诗人独步寻花的原因，颇为突兀，见出手不凡。

第二首，写行至江滨，看见繁花乱蕊像锦绣一样裹住江边，脚步歪斜走入其间，心里着实怕春，不过眼下诗和酒还能听我驱遣，不必为我这白头老人有什么心理负担。语极奇异，实际上是反语见意。

第三首，写深江岸边竹林中住着两三户人家，撩人的红花映衬着白花令人应接不暇。我有去处来报答春光的盛意，酒店的琼浆可以送走我的年华。

第四首，写东望少城，那里鲜花如烟，高高的白花酒楼更是解人眼馋。谁能携酒召我前往畅饮，唤来美人欢歌，笑舞于盛席华筵？

第五首，写黄师塔前之桃花，我来到黄师塔前江水的东岸，又困又懒沐浴着和煦春风。一株无主的桃花开得正盛，我该爱那深红还是爱浅红？

第六首，写黄四娘家花儿茂盛把小路遮蔽，万千花朵压弯枝条离地低又低。眷恋芬芳花间彩蝶时时在飞舞，自由自在的黄莺恰恰欢声啼叫。

第七首，总结赏花、爱花、惜花。并不是说爱花爱得要死，只因害怕花尽时迁，老境逼来。花到盛时就容易纷纷飘落，花儿请你们商量着慢慢开放。

这组诗脉络清楚，层次井然，是一幅独步寻花图。全诗表现了杜甫对花的惜爱、对美好生活的流连和对好事物常在的一种希望。

七首诗，每首都紧扣着寻花题意来写，每首都有花。赏花、看花、赞花贯穿到底。春花之美、人与自然的亲切和谐，都跃然纸上。

当杜甫看到斜风细雨，鱼儿畅游，紫燕翩飞时，又作了《水槛遣心》二首：

其一：

去郭轩楹敞，无村眺望赊。澄江平少岸，幽树晚多花。

细雨鱼儿出，微风燕子斜。城中十万户，此地两三家。

其二：

蜀天常夜雨，江槛已朝晴。叶润林塘密，衣干枕席清。

不堪祇老病，何得尚浮名。浅把涓涓酒，深凭送此生。

第一首诗，写傍晚时分所见到的微风细雨中的景象，表现了环境的清幽美好和诗人闲适宁静的心情；第二首诗描绘了一番蜀地的景象，在咏物的同时，抒发了诗人对现实的种种不满和郁郁不得志的心情，又感慨自己老迈无力去改变现世，无奈以饮酒来消遣，基调相对沉重些。

两首诗通过描绘绮丽的蜀地风光和优雅的草堂环境，表现了作者远离尘世喧嚣的闲适心情和对大自然的热爱之情，浅把涓涓酒，深凭送此生。

浣花草堂，如诗如画。当杜甫漫游其中，又写了《漫兴》九首：

其一：

眼见客愁愁不醒，无赖春色到江亭。

即遣花开深造次，便觉莺语太丁宁。

其二：

手种桃李非无主，野老墙低还似家。

恰似春风相欺得，夜来吹折数枝花。

其三：

熟知茅斋绝低小，江上燕子故来频。

衔泥点污琴书内，更接飞虫打著人。

其四：

二月已破三月来，渐老逢春能几回。

莫思身外无穷事，且尽生前有限杯。

其五：

肠断春江欲尽头，杖藜徐步立芳洲。

颠狂柳絮随风去，轻薄桃花逐水流。

其六：

懒慢无堪不出村，呼儿日在掩柴门。

苍苔浊酒林中静，碧水春风野外昏。

其七：

糁径杨花铺白毡，点溪荷叶叠青钱。

笋根稚子无人见，沙上凫雏傍母眠。

其八：

舍西柔桑叶可拈，江畔细麦复纤纤。

人生几何春已夏，不放香醪如蜜甜。

其九：

隔户杨柳弱袅袅，恰似十五女儿腰。

谁谓朝来不作意，狂风挽断最长条。

　　这组绝句，题作"漫兴"，有兴之所到随手写出之意。不求写尽，不求写全，也不是同一时间写。从这九首诗的内容看，当为由春至夏相继写出，亦有次第可寻。前七首写早春、仲春、晚春景物；后两首写春去夏至景色。第一首中的"客愁"二字是九首之纲，统领全篇。

　　杜甫居住在浣花草堂期间，诗如泉涌，信手拈来，一首首清新婉转的诗词，仿佛一首优美的田园交响曲，唱响在天府之国的浣花溪畔。

草堂艰辛，屋漏遭逢夜雨连

杜甫居住浣花草堂期间，虽然过上了暂时安定的生活，但这种表面上的安逸，却掩饰不住他的贫穷与离愁，更不能冲淡他那一贯忧国忧民的情怀。

上元二年（761 年）秋，一场出人意料的狂风，把杜甫所住茅草房上的三层茅草都掀走了。乱七八糟的茅草，有的挂在树上，有的沉入塘坳。而且夜里秋雨连绵不断，屋里漏得没有一块好地方，已经到了难以栖身安眠的程度，暴风雨把他从浪漫的隐居生活中敲醒，让他不得不面对残酷的现实生活。

杜甫透过露天的草堂，联想到自身的遭遇以及那些因为战乱而流离失所的难民，几乎彻夜难眠。他幻想眼前出现千万间房子，为天下所有的穷人遮风避雨。他暂且栖身，待到天亮时，一首《茅屋为秋风所破歌》一气呵成：

八月秋高风怒号，卷我屋上三重茅。茅飞渡江洒江郊，高者挂罥长林梢，下者飘转沉塘坳。

南村群童欺我老无力，忍能对面为盗贼。公然抱茅入竹去，唇焦口燥呼不得，归来倚杖自叹息。

俄倾风定云墨色，秋天漠漠向昏黑。布衾多年冷似铁，娇儿恶卧踏里裂。床头屋漏无干处，雨脚如麻未断绝。自经丧乱少睡眠，长夜沾湿何由彻！

安得广厦千万间，大庇天下寒士俱欢颜，风雨不动安如山。呜呼！何时眼前突兀见此屋，吾庐独破受冻死亦足！

在这首诗中，杜甫描写了茅屋被秋风所破，以致全家遭受风吹雨淋的痛苦经历，抒发了作者内心的感慨，体现了他忧国忧民的崇高思想境界。毫无疑问，这是杜甫1400多首诗中的典范之作。

全篇可分为四个层次：从开头至"塘坳"为第一层，写面对狂风破屋的焦虑；

从"南村"至"叹息"为第二层，写面对群童抱茅的无奈；从"俄顷"至"何由彻"为第三层，写遭受夜雨的痛苦；从"安得"至最后为第四层，写期盼广厦，将苦难加以升华。

前三层是写实式的叙事，诉述自家之苦，情绪含蓄压抑；后一层是理想的升华，直抒忧民之情，情绪激越轩昂。

前三层的层层铺叙，为最后一层的抒情奠定了坚实的基础。如此抑扬曲折的情绪变换，完美地体现了杜诗"沉郁顿挫"的风格。

由"安得广厦千万间，大庇天下寒士俱欢颜，风雨不动安如山！"一句推己及人，怎么才能得到千万间高楼大厦，让普天下贫寒的人们都得到庇护，个个欢乐开怀；无论风雨如何吹打，房屋都安稳如山！杜甫想到百姓的困苦，提出使贫寒者"俱欢颜"的理想。诗句情感愉快，境界阔大，声音宏亮，铿锵有力，从诗人自己痛苦生活的体验中，迸发出奔放的激情和火热的希望，千百年来一直激动着读者的心灵。"安得"句，是欲得而不能的一种想象。"大庇"，全部遮盖、保护起来。"寒士"，本指贫穷的读书人，这里泛指所有贫寒的人们。想到百姓的困苦，提出使贫寒者"俱欢颜"的理想。

一年前的 760 年的时候，诗人元结搜集编撰了一本《箧中集序》诗集，里面收录了孟云卿等 7 人的二十四首诗词，但没有一首杜甫的诗。同时，流传下来的诗集还有《中兴间气集》《河岳英灵集》，里面仍然没有一篇是杜甫的作品。他们不但不承认杜甫的卓越文学成就，也不承认李白，反而制造出许多谣言来诽谤他们。

直到唐代宗宝应元年（762 年），杜甫才看到《箧中集序》这本诗集。针对他人的轻蔑与漠视，杜甫作了一首《戏为六绝句》以示回应：

其一：

庾信文章老更成，凌云健笔意纵横。

今人嗤点流传赋，不觉前贤畏后生。

其二：

王杨卢骆当时体，轻薄为文哂未休。

尔曹身与名俱灭，不废江河万古流。

其三：

纵使卢王操翰墨，劣于汉魏近风骚。

龙文虎脊皆君驭，历块过都见尔曹。

其四：

才力应难跨数公，凡今谁是出群雄？

或看翡翠兰苕上，未掣鲸鱼碧海中。

其五：

不薄今人爱古人，清词丽句必为邻。

窃攀屈宋宜方驾，恐与齐梁作后尘。

其六：

未及前贤更勿疑，递相祖述复先谁？

别裁伪体亲风雅，转益多师是汝师

  第一首，说的是庾信的文章到了老年就更加成熟了，其笔力高超雄健，文思如潮，文笔挥洒自如。当今有人讥笑、指责他留下的文章，如果庾信还活着，恐怕真会觉得你们这些后生可畏了。

  第二首，说王勃、杨炯、卢照邻和骆宾王四杰在当时的时代条件下，他们的作品已经达到最高的造诣。四杰的文章被认为是轻薄的，被守旧文人讥笑。你们这些守旧文人，在历史的长河中本微不足道，因此只能身名俱灭，而四杰却如江河不废，万古流芳。

  第三首，说即便是王杨卢骆四杰操笔作诗，作品比不上汉魏的诗歌而接近《诗经》《楚辞》，但他们还是龙文虎脊的千里马，可以为君王驾车，纵横驰骋，不像你们一跑长途就会跌倒。

  第四首，说你们的才力应难以超越上述几位，你们这些人所作的浓丽纤巧的诗文，不过是像翡翠飞翔在兰苕之上一般的货色，缺少大的气度，而没有如掣取鲸鱼于碧海之中那样的雄健才力和阔大气魄，只是一些小灵小巧的玩意。

  第五首，说你们学诗要爱古人但也不能鄙薄像庾信、四杰这样的今人，要把他们的清词丽句引为同调。如果你们要在内心里追攀屈原、宋玉，应当具有和他们并驾齐驱的精神和才力，否则就会沿流失源，堕入齐、梁时期那种轻浮侧艳的后尘了。

　　第六首，说那些轻薄之辈不及前贤是毋庸置疑的，继承前人、互相学习的优秀传统应该是不用分先后的。区别和裁剪、淘汰那些形式内容都不好的诗，学习《诗经》风雅的传统，虚心向前贤学习，这才是你们真正的老师。

　　杜甫以诗论诗。前三首评论作家，后三首揭示论诗宗旨。其精神前后贯通，互相联系，是一个不可分割的整体。

意在言外，赠诗讽劝不逆耳

唐肃宗上元二年（761年）时，唐朝武臣中早就出现了暴戾专横、飞扬跋扈、军阀割据的局面。

唐朝将领段子璋，曾因立下战功被唐玄宗封为剑南节度使。后武力赶走东川节度使李奂而立旗造反，一举占据绵州（今四川省绵阳东部），自称梁王，改元黄龙，以绵州为黄龙府。

当时，西川节度使崔光远部下有个叫花敬定的牙将，率大军攻打绵州得胜，一举擒杀了段子璋，从而立下大功。但花敬定平贼之后留蜀滋乱，恃功骄横，大掠东川，目无朝廷，僭用天子礼乐。而在当时那个对礼仪制度有着严格规定的年代，即使是音乐，也有森严的等级制度："皇帝临轩，奏太和；王公出入，奏舒和；皇太子轩悬出入，奏承和……"这些条分缕析的乐制，都是当朝的成规定法，稍有违背，即是紊乱纲常，更是大逆不道。

在成都，杜甫曾与花敬定有过交往，所以，杜甫赠诗委婉讽劝花敬定。

杜甫所作的诗有两首：《戏作花卿歌》和《赠花卿》，意在言外，用心良苦。

《戏作花卿歌》

成都猛将有花卿，学语小儿知姓名。

用如快鹘风火生，见贼唯多身始轻。

绵州副使著柘黄，我卿扫除即日平。

子章髑髅血模糊，手提掷还崔大夫。

李侯重有此节度，人道我卿绝世无。

诗中的"花卿"就是花敬定。从诗的表面看是在赞美花敬定，但题为戏作，含有讽意。

《赠花卿》

锦城丝管日纷纷，半入江风半入云。

此曲只应天上有，人间能得几回闻？

这首诗的大意是：美妙悠扬的乐曲，整日地飘散在锦城上空，轻轻地荡漾在锦江波上，悠悠地升腾进白云之间。如此美妙音乐，只应神仙享用，世间的平民百姓，一生能听几回？

前两句对乐曲作具体形象的描绘，是实写；后两句以天上的仙乐相夸，是遐想。因实而虚，虚实相生，将乐曲的美妙赞誉到了极度。有动有静，婉转含蓄，耐人寻味。

这首绝句，读起来明白如话，似乎只是赞美乐曲，并无弦外之音；其实诗中含讽刺，劝诫的意味。

耐人寻味的是，作者并没有对花卿明言指责，而是采取了一语双关的巧妙手法。字面上看，这俨然是一首十分出色的乐曲赞美诗。"锦城丝管日纷纷"，锦城，即成都；丝管，指弦乐器和管乐器；纷纷，本意是既多而乱的样子，通常是用来形容那些看得见、摸得着的具体事物的，这里却用来比状看不见、摸不着的抽象的乐曲，这就从人的听觉和视觉的通感上，化无形为有形，极其准确、形象地描绘出弦管那种轻悠、柔靡，杂错而又和谐的音乐效果。"半入江风半入云"也是采用同样的写法：那悠扬动听的乐曲，从花卿家的宴席上飞出，随风荡漾在锦江上，冉冉飘入蓝天白云间。这两句诗，使读者真切地感受到了乐曲的那种行云流水般的美妙。两个"半"字空灵活脱，给全诗增添了不少的情趣。

乐曲如此之美，作者禁不住慨叹说："此曲只应天上有，人间能得几回闻。"天上的仙乐，人间当然难得一闻，难得闻而竟闻，愈见其妙得出奇了。

然而，这仅仅是字面上的意思，其弦外之音是意味深长的。这可以从"天上"和"人间"两词看出端倪。"天上"，实际上指天子所居皇宫；"人间"，指皇宫之外。这是封建社会极常用的双关语。说乐曲属于"天上"，且加"只应"一词限定，既然是"只应天上有"，那么，"人间"当然就不应"得闻"。不应"得闻"而竟然"得闻"，不仅"几回闻"，而且"日纷纷"，于是，作者的讽刺之旨就从这种矛盾的对立中，既含蓄婉转又确切有力地显现出来了。

杜甫这首诗柔中有刚，绵里藏针，寓讽于谀，意在言外，忠言而不逆耳，作得恰到好处。

这种含蓄，委婉的讽劝对有恃无恐的花敬定而言不过是耳旁风，当然没有起到作用，就连西川节度使、他的顶头上司崔光远也阻止不了他的暴行，消息传到朝廷，崔光远因其受到牵连，"天子怒光远不能戢军，乃罢之"。崔光远被唐肃宗遣监军官使按罪论处。崔光远悲愤至极，忧郁成病，于唐肃宗上元二年（761年）十月含冤离世。

崔光远死后，杜甫的旧友高适暂时代理成都尹，闲暇时间，高适常常带着酒水来到浣花草堂，与杜甫小聚，杜甫也常常因为没有美味佳肴款待老朋友而感到惭愧。但并不影响二人谈诗论画，说古道今。不久高适改任蜀州（今四川省崇州市）刺史，深秋时节，杜甫到蜀州拜访高适，两人再次一起漫游蜀州的新津、青城等地，杜甫作《后游》一诗：

　　　　寺忆曾游处，桥怜再渡时。江山如有待，花柳自无私。
　　　　野润烟光薄，沙暄日色迟。客愁全为减，舍此复何之？

这首诗的前四句，回应往日之游而写今日之游，后四句写观景减愁之感。全篇景象鲜明，理趣盎然。

"寺忆曾游处，桥怜再渡时"，寺和桥都是曾游之地，再游时对桥和寺都更生爱怜之情。"江山如有待，花柳自无私"，自从上次游览之后，美好的江山好象也在那儿"忆"着我，"等待"着我的再游；花也绽笑脸，柳也扭柔腰，无私地奉献着自己的一切，欢迎我再度登临。这两句诗，是很有含蕴的，它透露了诗人对世态炎凉的感慨。弦外之音是大自然是有情的、无私的，而人世间却是无情的、偏私的。

"野润烟光薄，沙暄日色迟"，在概叙了江山花柳之情后，又具体描绘晨景和晚景两幅画面，清早薄如轻纱的晨曦，滋润着大地，原野像浸透了酥油；傍晚滞留大地的余晖，迟迟不退，沙地闪闪发光。这两句表明了时间推移，诗人从早到暮在此，可见流连之久，又从侧面说明了景色之美。"客愁全为减，舍此复何之？"

全诗以感慨作结。看了如此美好的景色，在外作客的愁闷完全减消了，除了这儿还要往哪儿去呢？表面看来好像仍是赞美这儿风景绝佳，其实，这正是诗人心中有愁难解，强作豁达之语。杜甫流落西南山水间，中原未定，干戈不止，山河破碎，民生多艰，满腔愁愤，无由排解，只好终日徜徉于山水之间，所以减愁两字是以喜写悲，益增其哀。这首诗写得表面豁达，实则沉郁，只是以顿挫委曲之态道出。

唐代宗宝应元年（762年）春，严武来到成都接任成都尹。他与高适一样，也时常带着酒水和侍从，到浣花草堂与杜甫欢聚，他们花边立马，竹里行厨，把酒言欢，唱诗歌咏，有时也邀当地农夫共饮，其乐融融。

严武（726年—765年）字季鹰，华州华阴（今陕西华阴）人。唐朝中期大臣、诗人，中书侍郎严挺之之子。初为拾遗，后任成都尹。两次镇蜀，以军功封郑国公。永泰元年（765年），因暴病逝于成都，方年四十岁。追赠尚书左仆射。严武虽然是一介武夫，但善于写诗。他与诗人杜甫交往过密，二人常以诗歌唱和。

第七章

壮志难酬心生悲惘

颠沛流离，梓州阆州写诗篇

有时，人的命运确实让人琢磨不定。唐玄宗李隆基和唐肃宗李亨这对父子，在同一年里相继去世，唐肃宗的长子李豫按照父亲的遗诏即位。李豫就是率领唐军平定安禄山叛乱的李俶，唐朝第八位皇帝，即唐代宗，改年号为宝应。

唐代宗宝应元年（762 年）七月，杜甫的好友、成都尹兼剑南节度使严武奉诏入朝。严武起程时，杜甫一直把严武送至绵州（今四川省绵阳市）。杜甫与严武在绵州附近的奉济驿饮酒作别，并写了一首《奉送严公入朝十韵》赠与严武：

> 鼎湖瞻望远，象阙宪章新。四海犹多难，中原忆旧臣。
> 与时安反侧，自昔有经纶。感激张天步，从容静塞尘。
> 南图回羽翮，北极捧星辰。漏鼓还思昼，宫莺罢啭春。
> 空留玉帐术，愁杀锦城人。阁道通丹地，江潭隐白蘋。
> 此生那老蜀，不死会归秦。公若登台辅，临危莫爱身。

这首诗，描述了朝廷君王更替、四海多难之际需要严武这样文韬武略满腹经纶的旧臣，并嘱咐严武回朝担任辅弼要职一定要恪尽职守，不要临危惜身。同时，诗人也表达了自己滞留四川心中惆怅，希望自己此生不要终老蜀地，争取再回朝廷效力。

但想不到的是，严武刚走，成都少尹兼御史使徐知道，把严武所有的官衔，都加到了自己头上，并乘虚造反，导致蜀中道路中断，人民陷入战乱之中。

杜甫送严武还朝，一直送到绵州奉济驿才作别。返回途中，适逢徐知道在成都作乱，只好前往梓州躲避。途中，杜甫写了《客夜》和《客亭》这两首诗，抒发了对家人的牵挂和老年漂泊之凄苦。

《客夜》

客睡何曾著，秋天不肯明。卷帘残月影，高枕远江声。

计拙无衣食，途穷仗友生。老妻书数纸，应悉未归情。

这首诗的大意是，四处漂泊哪里能睡得安稳，秋日天却亮得很晚，卷起窗帘还能看到天边的残月，枕在枕头上听到波涛翻滚的声音。为了一家人的衣食而计无所出，穷困潦倒全靠朋友的帮助。老妻又在写信了，挂念自己这未归之人。

《客亭》

秋窗犹曙色，落木更天风。日出寒山外，江流宿雾中。

圣朝无弃物，老病已成翁。多少残生事，飘零任转蓬。

这首诗的前四句，写客亭景色，从夜间到破晓，历历在目，后四句写身世飘零，叹穷嗟老，道出满腹心事。

徐知道举兵叛乱后，杜甫被迫流寓到东川梓州（今四川省三台县）、阆州（今四川省阆中市）一带，杜甫草堂便人去堂空。

梓州是四川与成都齐名的川北重镇。八世纪的梓州，作为四川的第二大城市，城郭雄伟，交通发达。在川北重要交通要道的涪江凯江上，来往船只川流不息，这里有川北最大的码头。

杜甫被困梓州期间，游历了东川所辖各地，留下了大量诗篇。

有一次，杜甫独自行走在东川深山老林之中，可谓是山高水远，道路阻隔，行程异常艰难。由此，他在《光禄坂行》一诗中写道：

山行落日下绝壁，西望千山万山赤。

树枝有鸟乱鸣时，暝色无人独归客。

马惊不忧深谷坠，草动只怕长弓射。

安得更似开元中，道路即今多拥隔。

这首诗，记述了杜甫带着家眷避乱到梓州这一路上的惊险情景，表达了作者对开元盛世的怀念之情。

后来，杜甫离开梓州，前往阆州。这期间，杜甫写下了许多不朽的诗篇，其中的代表作为《阆水歌》：

嘉陵江色何所似，石黛碧玉相因依。

正怜日破浪花出，更复春从沙际归。

巴童荡桨歌侧过，水鸡衔鱼来去飞。

阆中胜事可肠断，阆州城南天下稀。

诗词的大意是，嘉陵江水色像什么？仿佛就是石黛碧玉相接交错的感觉。可爱的红日正冲破浪花出来，更有春色从沙海那边归来。巴地的孩童荡着桨从旁边经过，水鸡衔着小鱼来去飞翔。阆中胜事美景令人喜爱，阆州城南的胜景真是天下稀有。

在流离梓州和阆州期间，他参与了阆州清明节十日祭祖祭亡友的扫墓活动，内心感慨万端，写下了著名的《阆水歌》这首诗。

杜甫在阆中的时间虽然不长，创作的诗篇却不少。这首《阆水歌》，专咏阆水之胜，与《阆山歌》一起成为杜甫在这一时期的代表作。

《阆山歌》

阆州城东灵山白，阆州城北玉台碧。

松浮欲尽不尽云，江动将崩未崩石。

那知根无鬼神会？已觉气与嵩华敌。

中原格斗且未归，应结茅斋著青壁。

阆州城东的灵山呈现一片白色，而阆州城北的玉台山则一片碧绿。松树上浮着欲尽不尽的云彩，江浪摇动着将崩未崩的石头。虽然这里人也祭拜祖先，可当地的子孙后代却从来没有与祖先灵魂相会。虽然世界上没有鬼神与人能真正相会，但这里的祭拜盛况可与嵩山、华山的清明活动相匹敌。中原地区的战争尚未结束，应建个茅屋来把青纱幔挂于屋址的墙壁上。

代宗李豫即位后，召房琯为刑部尚书。但房琯在赴京途中，却病故于阆州的一座寺庙中。杜甫前往阆州吊唁，并写下了《祭故相国清河房公文》一文，沉痛悼念这位因为自己的缘故丢掉乌纱帽的故友。

维唐广德元年岁次癸卯犯九月辛丑朔二十二日壬戌，京兆杜甫，敬以醴酒茶藕鲫之奠，奉祭故相国清河房公之灵曰：呜呼！纯朴既散，圣人又殁；苟非大贤，孰奉天秩？唐始受命，群公间出；君臣和同，德教充溢。魏杜行之，夫何画一；娄宋继之，不坠故实。百馀年间，见有辅弼；及公入相，纪纲已失。将帅干纪，烟尘犯阙；王风寝顿，神器圮裂。关辅萧条，乘舆播越。太子即位，揖让仓卒；小臣用权，尊贵倏忽。公实匡救，忘餐奋发；累控直词，空闻泣血……

杜甫在绵州、梓州、阆州、汉州之间辗转飘零期间，历尽艰险，但忧国忧民之心从未改变。

返回成都，节度府里当参谋

唐代宗宝应元年七月，成都尹兼剑南节度使严武奉诏入朝，他的职务由高适接任。没想到，严武刚刚离开成都，成都少尹兼御史使徐知道就趁机起兵造反。同时，吐蕃也举兵攻陷松州（今四川省松潘县）、维州（今四川省理县）和保州（今四川省理县）。

但过了仅仅一个月，徐知道的叛军就被高适带领的大唐军队击败，徐知道也死于他的部下李忠厚之手。

宝应二年正月，严武从京城回到四川，再镇成都。回到成都后，严武决定整顿军容，训练武士，试用新旗帜，收复沦陷于吐蕃的松州、维州和保州。

此时，严武想到了杜甫。他认为杜甫有忧国忧民之心，德才兼备，不该闲在家中，希望他能出来为国家为人民做点事情。于是，严武只身扬鞭飞马，来到浣花溪。当他看到浣花草堂空无一人时，得知杜甫正在东川梓州、阆州一带颠沛流离，便多次写信给杜甫，叙述离别之后思念之情，回忆一同饮酒唱和之乐，并希望杜甫能回到浣花草堂来，同他共叙旧情，助他一臂之力。

广德二年（764年）三月，杜甫离开阆州东去。途中，当他听说严武再镇成都，心中大喜，于是改变东行计划，返回成都的浣花草堂。

当杜甫踏进浣花草堂后，眼前的一片狼藉让他惊呆了。地上老鼠乱窜，书卷里有干死的书虫，水槛和药栏破烂不堪。但一向乐观的杜甫马上缓过神来，感觉不是特别苍凉。他在浣花溪畔棕树下凿井，把草堂修缮一新。到了春夏之交，一度荒芜的草堂开始百花盛开，绿草如茵，鸥鸟在水上嬉戏，紫燕在竹中翩飞，门前的四棵小松树，已经长到一人多高。高兴之余，杜甫作了一首《四松》：

> 四松初移时，大抵三尺强。别来忽三载，离立如人长。
> 会看根不拔，莫计枝凋伤。幽色幸秀发，疏柯亦昂藏。
> 所插小藩篱，本亦有堤防。终然振拨损，得吝千叶黄。
> 敢为故林主，黎庶犹未康。避贼今始归，春草满空堂。
> 览物叹衰谢，及兹慰凄凉。清风为我起，洒面若微霜。
> 足以送老姿，聊待偃盖张。我生无根蒂，配尔亦茫茫。

一时间，杜甫心情大好，面对五棵盛开的桃花，作了一首《题桃树》；看到倾斜的水槛，作了一首《水槛》；看到满园春色，作了《绝句四首》……

尤其是面对一派生机勃勃的春景，杜甫不禁欣然命笔写了《绝句》：

> 两个黄鹂鸣翠柳，一行白鹭上青天。
> 窗含西岭千秋雪，门泊东吴万里船。

这幅"春景图"，有近有远，有声有色，映衬成趣，明丽开阔。人与物俱适，动与静结合。一派生机，千里春色，不仅描绘了祖国山川之多娇，又表现了诗人心情之怡悦，留下了千古绝唱。

重回草堂之后，他在《草堂》一诗中这样写道：

昔我去草堂，蛮夷塞成都。今我归草堂，成都适无虞。

请陈初乱时，反复乃须臾。大将赴朝廷，群小起异图。

中宵斩白马，盟歃气已粗。西取邛南兵，北断剑阁隅。

布衣数十人，亦拥专城居。其势不两大，始闻蕃汉殊。

西卒却倒戈，贼臣互相诛。焉知肘腋祸，自及枭獍徒。

义士皆痛愤，纪纲乱相逾。一国实三公，万人欲为鱼。

唱和作威福，孰肯辨无辜。眼前列杻械，背后吹笙竽。

谈笑行杀戮，溅血满长衢。到今用钺地，风雨闻号呼。

鬼妾与鬼马，色悲充尔娱。国家法令在，此又足惊吁。

贼子且奔走，三年望东吴。孤矢暗江海，难为游五湖。

不忍竟舍此，复来薙榛芜。入门四松在，步屧万竹疏。

旧犬喜我归，低徊入衣裾。邻舍喜我归，酤酒携胡芦。

大官喜我来，遣骑问所须。城郭喜我来，宾客隘村墟。

天下尚未宁，健儿胜腐儒。飘摇风尘际，何地置老夫。

于时见疣赘，骨髓幸未枯。饮啄愧残生，食薇不敢馀。

广德二年六月，严武推荐杜甫做剑南节度府参谋，加检校工部员外郎，赐绯鱼袋。这是杜甫一生中最高的官职，他因此被后人称为"杜工部"。对于杜甫来说，这是一次千载难逢的机遇。他离开浣花草堂，迁入成都节度使署中，与严武同朝为官。

"绯鱼袋"指"绯衣"，与"鱼符袋"一样，为唐宋时期的一种官服。唐宋官员随身佩戴的鱼袋，源于盛装鱼符之用。唐代的鱼符有两种：一种是朝廷遣兵，更换地方长官用的鱼符；一种是官员随身佩戴的鱼符。这里提到的鱼符，是指后者。也就是说，杜甫穿着红色的官袍，佩着鱼符袋进入幕僚。

严武能诗善战，令杜甫十分钦佩。他们经常在一起饮酒畅谈，分韵赋诗，不亦说乎。

广德二年七月，严武率军西征，讨伐吐蕃。临行时，严武作绝句《军城早秋》，杜甫以绝句相和。九月，严武大败吐蕃，收复失地。杜甫与严武一起在摩珂池泛舟，彼此分韵赋《岷山沱江画图》，二人可谓是棋逢对手，交往密切。

杜甫家住成都城外的浣花溪，每天天刚亮就上班，直到夜晚才能下班。下班后，他来不及回家，便长期住在府内。所以，杜甫常常是"独宿"，难得与家人团聚，工作十分枯燥。他周旋在同僚官员之中，心中十分苦闷和忧郁，身心渐渐俱惫，甚至难以支撑。杜甫早年患有肺病和疟疾，身体十分虚弱。屋漏偏遭连夜雨，这期间，杜甫又患上了风痹，肢体麻木，行动不便。一天夜里，杜甫望着中天月色，听着长夜里的号角声，写下了一首《宿府》：

清秋幕府井梧寒，独宿江城蜡炬残。

永夜角声悲自语，中天月色好谁看。

风尘荏苒音书绝，关塞萧条行路难。

已忍伶俜十年事，强移栖息一枝安。

这首诗大概意思是：井畔梧桐在秋夜的风中抖动，只有蜡烛残光照着孤单的我，长夜里号角声悲壮似在自语，天空中的月色虽好谁与我共赏。光阴荏苒哪里寻觅亲人音信？关塞一片萧条寻找归路艰难。我已忍受十年的飘零生活，把家安在这里不过勉强栖身。

　　虽然《宿府》表现的仅仅是杜甫的思乡之情，但是，杜甫的个人遭遇，是同国家的命运紧密地联系在一起的。诗人将对于国家动乱的忧虑，与个人漂泊流离的愁闷融为一体，从而拓展了诗的内涵，给人以更加丰富的联想，容易让人产生更加广泛的共鸣。

收复陷城，欣闻捷报喜若狂

唐代宗宝应元年（公元762年）冬季，唐军在洛阳附近的衡水打了一个大胜仗，收复了东京洛阳和郑（今河南郑州）、汴（今河南开封）等地，伪邺郡节度使薛嵩、恒阳节度使张忠志等叛军首领，都纷纷投降朝廷。

宝应二年春，史思明的儿子史朝义败走广阳（今河北省廊坊市境内），走投无路，自缢身亡。他的部将田承嗣、李怀仙等相继投降朝廷，并斩史朝义首级进献。至此，河南、河北诸郡全部为唐军收复，持续八年的"安史之乱"宣告结束。

当杜甫这位饱经离乱的爱国诗人，突然听闻官军收复河南、河北失地的消息后，欣喜若狂，恨不得马上回到家乡洛阳。兴奋之中，他作了一首《闻官军收河南河北》，把他积压在胸中已久的郁结，一股脑地发泄出来：

剑外忽传收蓟北，初闻涕泪满衣裳。

却看妻子愁何在，漫卷诗书喜欲狂。

白日放歌须纵酒，青春作伴好还乡。

即从巴峡穿巫峡，便下襄阳向洛阳。

剑外：剑门关以南，这里指四川。蓟北：泛指唐代幽州、蓟州一带，今河北北部地区。这些地方曾经被安史叛军所占领。山河沦陷，百姓惨遭生灵涂炭，不得不背井离乡，到处飘零。

杜甫在诗中写道：剑门关外，喜讯忽传，听说官军收复了冀北一带。喜极而泣，泪满衣裳。回头一看，妻子儿女也已一扫愁云，随手卷起诗书，全家欣喜若狂。老夫我想要纵酒高歌，伴着春光一同回故乡。我的一颗心早已远走高飞，从巴峡穿过巫峡，再到襄阳直奔东京洛阳而去。

这首诗，抒发了杜甫忽闻叛乱已平的捷报，急于奔回老家的喜悦心情。"剑外忽传收蓟北"，起势迅猛，恰切地表现了捷报的突然。诗人多年漂泊"剑外"，备尝艰辛与磨难，想回到故乡又不可能，就是因为"蓟北"未收，安史之乱未平。如今"忽传收蓟北"，惊喜的洪流，一下子冲开了郁积已久的情感闸门，令杜甫心潮澎湃。"初闻涕泪满衣裳"，"初闻"紧承"忽传"，"忽传"表现捷报来得太突然，"涕泪满衣裳"则以形传神，表现突然传来的捷报，在"初闻"的一刹那所激发的感情波涛，这是喜极而悲、悲喜交集的真实表现。"蓟北"已收，战乱平息，乾坤疮痍、黎民疾苦，都将得到疗救，杜甫颠沛流离的苦日子，总算熬出头了。然而痛定思痛，杜甫回想起八年来熬过的种种艰辛与磨难，又不禁悲从中来，无法压抑。如今，这一场浩劫，终于像噩梦一般过去了，他可以返回故乡了，人们将开始新的生活，于是又转悲为喜，喜不自胜。这"初闻"捷报之时的心理变化、复杂感情，如果用散文的写法，要用很多笔墨来渲染，而杜甫只用"涕泪满衣裳"五个字做形象的描绘，就足以概括这一切。

这样天大的喜讯，怎能不令人"喜欲狂"呢？这是惊喜的更高峰。"却看妻子""漫卷诗书"，这是两个连续性的动作，带有一定的因果关系。当诗人悲喜交集，"涕泪满衣裳"之时，自然想到多年来同受苦难的妻子儿女。"却看"就是"回头看"。"回头看"这个动作极富意蕴，诗人似乎想向家人说些什么，但又不知从何说起。其实，无需说什么，多年笼罩全家的愁云不见了，一家人不再是愁眉苦脸，而是笑逐颜开，喜气洋洋。杜甫再也无心伏案，随手卷起诗书，与家人同享胜利的喜悦。

"白日放歌须纵酒，青春作伴好还乡"一联，将"喜欲狂"做进一步抒写。"白日"，指晴朗的日子，点出人已到了老年。老年人难得"放歌"，也不宜"纵酒"；如今既要"放歌"，还须"纵酒"，正是"喜欲狂"的具体表现。这句写"狂"态，下句则写"狂"想。"青春"指春天的景物，春天已经来临，在鸟语花香中与妻子儿女们"作伴"，正好"还乡"。诗人想到这里，自然就会"喜欲狂"了。

尾联写诗人"青春作伴好还乡"的狂想，身在梓州，而弹指之间，心已回到故乡。杜甫的惊喜达到高潮。这一联，包涵四个地名。"巴峡"与"巫峡"，"襄阳"与"洛阳"，既句内各自对偶，又句间前后对偶，形成工整的地名对。而用"即从""便下"绾合，两句紧连，一气贯注，又是活泼流走的流水对。再加上"穿""向"的动态与两"峡"两"阳"的重复，文势、音调，迅急有如闪电，准确地表现了杜甫想象的飞驰。巴峡、巫峡、襄阳、洛阳，这四个地方之间都有很漫长的距离，而一用"即从""穿""便下""向"贯串起来，就出现了"即从巴峡穿巫峡，便下襄阳向洛阳"的疾速飞驰的画面，一个接一个地从读者眼前一闪而过。这里需要指出的是：杜甫既展示想象，又描绘实境。从"巴峡"到"巫峡"，峡险而窄，舟行如梭，所以用"穿"。出巫峡到襄阳，顺流急驶，所以用"下"。从襄阳到洛阳，已换陆路，所以用"向"，用字高度准确。

全诗感情奔放，痛快淋漓地抒发了作者无比喜悦的心情。为杜甫生平第一首快诗。

此诗除第一句叙事点题外，其余各句都是抒发杜甫忽闻胜利消息之后的惊喜之情。诗人的思想感情出自胸臆，奔涌直泻。仇兆鳌在《杜少陵集详注》中引王嗣奭的话说：“此诗句句有喜跃意，一气流注，而曲折尽情，绝无妆点，愈朴愈真，他人决不能道。”

　　这首诗，不知打动过多少人心，也不知被多少人传唱。但是，杜甫并没有因为官军收复了河南河北而顺利回到长安或洛阳。当时，他全家逃难在梓州，要回到故乡谈何容易。加上国内混战更加残酷，诗人杜甫就像一叶浮萍，依旧漂泊他乡。

蜀相祠庙，胸臆直泄悲凉情

成都是当年蜀汉建都的地方，在成都城的西北部，有一座诸葛亮庙，称武侯祠或武侯庙，该庙为成汉太宗李雄所建。

早在唐肃宗上元元年（760年）春天，杜甫就曾经探访了诸葛武侯祠，并写下了一首感人肺腑的千古绝唱《蜀相》：

> 丞相祠堂何处寻，锦官城外柏森森。
>
> 映阶碧草自春色，隔叶黄鹂空好音。
>
> 三顾频烦天下计，两朝开济老臣心。
>
> 出师未捷身先死，长使英雄泪满襟。

蜀相就是蜀国丞相诸葛亮。诸葛亮，字孔明，号卧龙，生于东汉灵帝光和四年（181年），汉族，徐州琅琊阳都（今山东临沂市沂南县）人。三国时期蜀汉丞相，杰出的政治家、军事家、散文家、书法家、发明家。在世时，被封为武乡侯，死后追谥忠武侯。东晋时期，因其军事才能被追封为武兴王。其代表作有《出师表》《诫子书》等，曾发明木牛流马、孔明灯等。蜀汉后主建兴十二年（234年），在五丈原（今宝鸡岐山境内）逝世。

因刘禅追谥诸葛亮为忠武侯，故后人常以武侯、诸葛武侯尊称诸葛亮。诸葛亮一生鞠躬尽瘁、死而后已，是中国传统文化中忠臣与智者的代表人物。

杜甫虽然怀有"致君尧舜"的政治理想，但他仕途坎坷，抱负无法施展。他写《蜀相》这首诗时，安史之乱还没有平息。他目睹国势艰危，生灵涂炭，而自身又请缨无路，报国无门，因此对开创基业、挽救时局的诸葛亮，无限仰慕，倍加敬重。

诗的最后一联"出师未捷身先死，长使英雄泪满襟"，咏叹了诸葛亮病死军中功业未成的历史不幸。诸葛亮赍志而殁的悲剧性结局无疑又是一曲生命的赞歌，他以行动实践了"鞠躬尽瘁，死而后已"的誓言，使这位古代杰出政治家的精神境界得到了进一步的升华，产生使人奋发兴起的力量。

《蜀相》一诗，抒发了杜甫对诸葛亮才智品德的崇敬和功业未遂的感慨，融情、景、议于一体，既有对历史的评说，又有现实的寓托，在历代咏赞诸葛亮的诗篇中，堪称绝唱。

杜甫晚年时，在成都住了几年后，便举家东迁，开始"漂泊西南天地间"。迁徙途中，曾在夔州滞留。

唐代宗大历元年（766年）的一天，杜甫来到了武侯祠。当他看到武侯祠一片萧条荒凉的破败景象时，不禁感慨万千，写下了绝句《武侯庙》，抒发心中的无限悲凉，高度赞颂了诸葛亮衷心辅佐蜀汉，鞠躬尽瘁，匡扶汉室的献身精神。

遗庙丹青落，空山草木长。

犹闻辞后主，不复卧南阳。

全诗虚实相生，融情于景。诗的前两句写武侯庙的荒凉破败，寄托着诗人对诸葛武侯身后凄凉的哀惋，也为后两句的抒怀做铺垫。诗的后两句触景生情，感叹诸葛亮大业未成，而长眠他乡，也如诗人在《蜀相》诗中所写："出师未捷身先死，长使英雄泪满襟。"

此诗仅仅 20 个字，但情感起伏跌宕，词义悲婉。在凭吊诸葛武侯中，寄寓了深沉的历史忧患意识，意境极为深远。

同年，杜甫作绝句《八阵图》，再度赞扬诸葛亮。

功盖三分国，名成八阵图。

江流石不转，遗恨失吞吴。

诗词大意是：三国鼎立，你建立了盖世功绩，创八阵图，你成就了永久声名。江水东流，推不转你布阵石头，千古遗恨，你灭吴失策功未就。

"功盖三分国，名成八阵图"两句，赞颂诸葛亮的丰功伟绩。第一句是从总的方面写，说诸葛亮在确立魏蜀吴三分天下、鼎足而立局势的过程中，功绩最为卓绝。三国并存局面的形成，固然有许多因素，而诸葛亮辅助刘备从无到有地创建蜀国基业，应该说就是重要原因之一。杜甫这一高度概括的赞语，客观地反映了三国时代的历史真实。第二句是从具体的方面来写，说诸葛亮创制八阵图使他声名更加卓著。对这一点古人曾屡加称颂，成都武侯祠中的碑刻就有这样两幅楹联："一统经纶志未酬，布阵有图诚妙略。""江上阵图犹布列，蜀中相业有辉光。"而杜甫的这句"功盖三分国，名成八阵图"，则是更集中、更凝炼地赞颂了诸葛亮的军事业绩。

头两句诗在写法上用的是对仗句，"三分国"对"八阵图"，以全局性的业绩对军事上的贡献，显得精巧工整，自然妥帖。在结构上，前句劈头提起，开门见山。后句点出诗题，进一步赞颂功绩。同时，又为下面凭吊遗迹做了铺垫。

"江流石不转，遗恨失吞吴"这两句，就"八阵图"的遗址抒发感慨。"八阵图"遗址在夔州西南永安宫前平沙上。据《荆州图副》和刘禹锡《嘉话录》记载，这里的八阵图聚细石成堆，高五尺，六十围，纵横棋布，排列为六十四堆，始终保持原来的样子不变，即使被夏天大水冲击淹没，等到冬季水落平川，万物都失故态，唯独八阵图的石堆却依然如旧，六百年来岿然不动。前一句极精炼地写出了遗迹这一富有神奇色彩的特征。"石不转"，化用了《诗经·国风·邶风·柏舟》中的诗句"我心匪石，不可转也"。在作者看来，这种神奇色彩和诸葛亮的精神心志有内在的联系：他对蜀汉政权和统一大业忠贞不二，矢志不移，如磐石之不可动摇。同时，这散而复聚、长年不变的八阵图石堆的存在，似乎又是诸葛亮对自己赍志而殁表示惋惜、遗憾的象征。所以，杜甫紧接着写的最后一句是"遗恨失吞吴"，说刘备吞吴失计，破坏了诸葛亮联吴抗曹的根本策略，以致统一大业中途夭折，而成了千古遗恨。

当然，这首诗与其说是在写诸葛亮的"遗恨"，毋宁说是杜甫在为诸葛亮惋惜，并在这种惋惜之中渗透了杜甫"伤己垂暮无成"（黄生语）的抑郁情怀。

这首怀古绝句，具有融议论入诗的特点。但这种议论，并不空洞抽象，而是语言生动形象，抒情色彩浓郁。诗人把怀古和述怀融为一体，浑然不分，给人一种此恨绵绵、余意不尽的感觉。

再离成都，居无定所寄乡情

唐代宗永泰元年（765年）四月，成尹兼剑南节度使严武去世。一个月后，杜甫不得不告别浣花草堂，离开成都，开始了他生命中最后五年的流浪生活。

从此，杜甫贫困交加，壮志难酬，颠沛流离，心境非常寂寞、抑郁。且晚年多病，战乱频发，国无宁日，居无定所。即使是"安史之乱"结束，也不是天下太平的开始，而是一系列新动乱的开始。唐朝复兴的梦破灭了，杜甫回到老家洛阳的梦想也破灭了。

杜甫离开成都不久，就在云阳（今重庆市云阳县）病倒了，只好病居在这个地方。直到第二年春天，杜甫才到达自己的目的地夔州（今重庆市奉节县）。在夔州，杜甫写下了《秋兴八首》。这八首诗，像八个乐章一样，既独立成篇，又连环相扣，共同组成了一支气势磅礴的交响曲，寄托着杜甫晚年浓郁的思乡之情。

其一：

玉露凋伤枫树林，巫山巫峡气萧森。

江间波浪兼天涌，塞上风云接地阴。

丛菊两开他日泪，孤舟一系故园心。

寒衣处处催刀尺，白帝城高急暮砧。

其二：

夔府孤城落日斜，每依北斗望京华。

听猿实下三声泪，奉使虚随八月槎。

画省香炉违伏枕，山楼粉堞隐悲笳。

请看石上藤萝月，已映洲前芦荻花。

其三：

千家山郭静朝晖，日日江楼坐翠微。

信宿渔人还泛泛，清秋燕子故飞飞。

匡衡抗疏功名薄，刘向传经心事违。

同学少年多不贱，五陵衣马自轻肥。

其四：

闻道长安似弈棋，百年世事不胜悲。

王侯第宅皆新主，文武衣冠异昔时。

直北关山金鼓振，征西车马羽书驰。

鱼龙寂寞秋江冷，故国平居有所思。

其五：

蓬莱宫阙对南山，承露金茎霄汉间。

西望瑶池降王母，东来紫气满函关。

云移雉尾开宫扇，日绕龙鳞识圣颜。

一卧沧江惊岁晚，几回青琐点朝班。

其六：

瞿塘峡口曲江头，万里风烟接素秋。

花萼夹城通御气，芙蓉小苑入边愁。

珠帘绣柱围黄鹄，锦缆牙墙起白鸥。

回首可怜歌舞地，秦中自古帝王州。

其七：

昆明池水汉时功，武帝旌旗在眼中。

织女机丝虚夜月，石鲸鳞甲动秋风。

波漂菰米沉云黑，露冷莲房坠粉红。

关塞极天惟鸟道，江湖满地一渔翁。

其八：

昆吾御宿自逶迤，紫阁峰阴入渼陂。

香稻啄馀鹦鹉粒，碧梧栖老凤凰枝。

佳人拾翠春相问，仙侣同舟晚更移。

彩笔昔曾干气象，白头吟望苦低垂。

　　八首中的第一首，奠定了全诗的情感基调。是八首组诗的序曲。诗人通过对巫山巫峡的形象描绘，烘托出阴沉萧森、动荡不安的环境气氛，令人感到秋色秋声扑面惊心，抒发了诗人忧国之情和孤独抑郁之感。

　　"玉露凋伤枫树林，巫山巫峡气萧森"，露白霜重，红叶满山，整个巫山巫峡都笼罩在一片肃杀气氛之中。此时的杜甫已经年过半百，一生飘零，且百病缠身，在他眼里，满山红叶就只剩下凋零之感，深山幽谷之间更觉肃杀之气。

"江间波浪兼天涌，塞上风云接地阴"，这一联写巫山巫峡江水澎湃，波翻浪卷，放眼望去，天水相接，好像天也在翻腾，然后从地下写到了天上，巫山之上浓云滚滚，匝地而来，好像和大地的阴气连成了一片，到处萧条、阴晦，这是何等动荡不安！

"丛菊两开他日泪，孤舟一系故园心"，塞上处处秋菊烂漫开放。菊花和红叶都是秋天的象征，而秋天也正和日暮一样是游子思家的时候，一年将近，万里未归，此情此景，怎能不令人潸然泪下呢？江间一艘小船系在岸边，可杜甫还漂泊在回家的路上，这是何等的伤痛！那一叶扁舟，就是杜甫的一颗故园之心，更是一颗忧国之心。诗人情系孤舟，心系故园。

"寒衣处处催刀尺，白帝城高急暮砧"，日暮时分，秋意更浓，赶制冬衣的时节到了，夔州城里家家拿刀拿尺，忙着裁剪寒衣，而远处的白帝城头，也传来一阵阵急促的捣衣声。秋天本来就是思乡的季节，再加上天寒日暮，飞鸟投林，万众捣衣，更增加了羁旅他乡的漂泊之感。天冷了，寒衣在哪里？一年要尽了，家乡又在哪里？深秋之际。高城之下，日暮之时，一片砧声，一片哀愁，无边无际弥漫在巴山蜀水，也弥漫在诗人的心头。

第二首写诗人身在孤城，从落日的黄昏坐到深宵，翘首北望，长夜不寐，表现出对长安的强烈怀念。

第三首写晨曦中的夔府，诗人杜甫日日独坐江楼，秋气清明，江色宁静，而这种宁静给作者带来的却是烦扰不安。面临种种矛盾，深深感叹自己一生的事与愿违。

第四首是组诗的前后过渡，"故国平居有所思"一句挑出以下四首。

第五首，描绘长安宫殿的巍峨壮丽，早朝场面的庄严肃穆，以及自己曾得"识圣颜"至今引为欣慰的回忆。值此沧江病卧，岁晚秋深，更加触动他的忧国之情。

第六首怀想昔日帝王歌舞游宴之地曲江的繁华，在无限惋惜之中，隐含斥责之意。

第七首忆及长安的昆明池，展示唐朝当年国力昌盛、景物壮丽和物产富饶的盛景。

第八首从长安到渼陂，途径昆吾和御宿，紫阁峰在终南山上闪耀。杜甫想念一路的香稻和碧梧，在丰收的季节吸引着鹦鹉与凤凰。等到春天，曼妙的仕女们还会采摘花草相互赠送，伙伴们在暮晚时分仍要移棹出发，不愿归返。昔日，我可以凭借词语凿穿时代的黑井，痛饮山河甘洌，而今却只能在回忆中围拢水源，抚摸它岑寂的微光。

全诗感物伤怀，借深秋衰惨冷寂之景抒写人之暮年，知交零落，漂泊无依，空怀抱负的悲凉心境，表达了深切的身世之悲、离乱之苦和故园之思。

八首诗是一个完整的乐章，以忧念国家兴衰的爱国思想为主题，以夔府的秋日萧瑟，诗人的暮年多病、身世飘零，特别是关切祖国安危的沉重心情为基调，其间穿插着轻快欢乐的抒情。每一首都以独特的表现手法，从不同的角度表现作者的思想情绪。

这种忧思愁绪，不能看作是杜甫一时一地的偶然触发，而是自经丧乱以来，他忧国伤时感情的集中表现。目睹国家残破，而不能有所作为。

八首组诗感物伤怀，借深秋衰惨冷寂之景抒写人之暮年，知交零落，漂泊无依，空怀抱负的悲凉心境，表达了深切的身世之悲、离乱之苦和故园之思。

内心悲凉，沉痛悼念八故友

唐代宗大历二年（767年）春末夏初，杜甫病情好转，体力得以恢复，于是一家人迁往夔州（今重庆市奉节县），这里距离白帝城很近。

白帝城在夔州东面，坐落于山头上，面临长江，杜甫初到夔州，登楼眺望，感慨无限，作《白帝城最高楼》：

> 城尖径昃旌旆愁，独立缥缈之飞楼。
> 峡坼云霾龙虎卧，江清日抱鼋鼍游。
> 扶桑西枝对断石，弱水东影随长流。
> 杖藜叹世者谁子，泣血迸空回白头。

诗词大意：尖峭的山城，崎岖的小路，以及插在城头的旌旗都暗自发愁。就在这样的地方，孤孤单单、若隐若现地耸立着一座飞腾的高楼。云霾隔断连绵的山峡，群山如同龙虎在静卧；阳光映照着清澈的江水，波光好像鼋鼍在浮游。扶桑西端的树枝遥对山峡的断石，弱水东来的影子紧接长江的流水。拄着藜杖感叹世事的人究竟是谁？血泪飘洒空中，就在我满头白发回顾的时候。

这首诗通过对白帝城奇特险峻的景象描写，表达了杜甫心中抑郁不平之气和危乱之感。

不久杜甫又作了《上白帝城二首》：

其一：

江城含变态，一上一回新。天欲今朝雨，山归万古春。

英雄馀事业，衰迈久风尘。取醉他乡客，相逢故国人。

兵戈犹拥蜀，赋敛强输秦。不是烦形胜，深惭畏损神。

其二：

白帝空祠庙，孤云自往来。江山城宛转，栋宇客裴回。

勇略今何在，当年亦壮哉。后人将酒肉，虚殿日尘埃。

谷鸟鸣还过，林花落又开。多惭病无力，骑马入青苔。

杜甫借描写白帝城及白帝城周边景象，表达对前事的回忆，以及对自己年老体衰而不能为国建功立业的悲哀之情。

夔州位于长江上游，雄踞瞿塘峡口，形势险要，水上交通繁忙，常有客货商船往来，历来是川东军事重镇、兵家必争之地。历代文人墨客都在这里留下了不朽的诗篇。唐玄宗天宝元年（742 年），夔州改为云安郡。唐肃宗乾元元年（758 年），又复为夔州，辖奉节、云阳、巫山、巫溪等县地。

在夔州，杜甫得到了夔州都督柏茂琳的大力资助，得以安身。

他刚到夔州时，住在半山腰的"客堂"，之后迁到城内的"西阁"，杜甫在东屯租种一片公田，躬耕于野，春种秋收。为此杜甫搬到夔州城东的赤甲山居住。

后来，柏茂琳又赠与杜甫四十亩柑林。这片柑林，位于夔州西部的西瀼溪以西。于是，杜甫迁往瀼西草屋，草屋附近有果树，有稻田，有菜园，一时间，全家人衣食无忧，过着一段短暂的清新悠闲的田园生活。

在此期间，杜甫特别留意当地风俗人情，十分关心百姓疾苦，写下了姊妹篇《负薪行》和《最能行》。

《负薪行》

夔州处女发半华，四十五十无夫家。

更遭丧乱嫁不售，一生抱恨堪咨嗟。

土风坐男使女立，应当门户女出入。

十犹八九负薪归，卖薪得钱应供给。

至老双鬟只垂颈，野花山叶银钗并。

筋力登危集市门，死生射利兼盐井。

面妆首饰杂啼痕，地褊衣寒困石根。

若道巫山女粗丑，何得此有昭君村。

《最能行》

峡中丈夫绝轻死，少在公门多在水。

富豪有钱驾大舸，贫穷取给行艓子。

小儿学问止论语，大儿结束随商旅。

欹帆侧柁入波涛，撇漩捎濆无险阻。

朝发白帝暮江陵，顷来目击信有征。

瞿塘漫天虎须怒，归州长年行最能。

此乡之人气量窄，误竟南风疏北客。

若道士无英俊才，何得山有屈原宅。

《负薪行》写山中负薪女的艰辛，《最能行》则写江上水手的疾苦。两首诗都表示了对穷苦人民的深切同情。

在夔州，杜甫的健康情况越来越坏，疟疾、肺病、风痹等疾病不断缠绕着他，耳朵也不怎么好使了。而且，他的一些朋友相继离他而去，如王思礼、李光弼、严武、李琎、李邕、苏渊明、郑虔、张九龄等八人。这些人的离去，让他感到十分悲凉。为此，他写了一组《八哀诗》:《赠司空王公思礼》《故司徒李公光弼》《赠左仆射郑国公严公武》《赠太子太师汝阳郡王琎》《赠秘书监江夏李公邕》《故秘书少监武功苏公源明》《故著作郎贬台州司户荣阳郑公虔》《故右仆射相国张公九龄》，沉痛悼念这八位故友。全诗采取现实主义的手法，用韵记录八个人的生平历史，对现实生活进行典型的艺术概括，寓主观于客观，抓住人物个性惟妙惟肖地刻画人物。

他在《故右仆射相国张公九龄》中写道：

相国生南纪，金璞无留矿。仙鹤下人间，独立霜毛整。
矫然江海思，复与云路永。寂寞想土阶，未遑等箕颍。
上君白玉堂，倚君金华省。碣石岁峥嵘，天地日蚌蜃。
退食吟大庭，何心记榛梗。骨惊畏曩哲，鬒变负人境。
虽蒙换蝉冠，右地恧多幸。敢忘二疏归，痛迫苏耽井。
紫绶映暮年，荆州谢所领。庾公兴不浅，黄霸镇每静。
宾客引调同，讽咏在务屏。诗罢地有馀，篇终语清省。
一阳发阴管，淑气含公鼎。乃知君子心，用才文章境。
散帙起翠螭，倚薄巫庐并。绮丽玄晖拥，笺诔任昉骋。
自我一家则，未缺只字警。千秋沧海南，名系朱鸟影。
归老守故林，恋阙悄延颈。波涛良史笔，芜绝大庾岭。
向时礼数隔，制作难上请。再读徐孺碑，犹思理烟艇。

张九龄字子寿，一名博物，谥文献，世称"张曲江"或"文献公"。唐朝开元年间著名的政治家、文学家、诗人、名相。他举止优雅，风度不凡。张九龄去世后，唐玄宗对宰相推荐之士总要问"风度得如九龄否？"后来，张九龄一直为后世人所崇敬、仰慕。

张九龄忠耿尽职，秉公守则，直言敢谏，选贤任能，不徇私枉法，不趋炎附势，敢与恶势力做斗争，为"开元之治"做出了积极贡献。他的五言古诗，诗风清淡，以素练质朴的语言，寄托深远的人生慨望，对扫除唐初所沿习的六朝绮靡诗风，贡献尤大。

诗的前八句是写张九龄品格不凡，九到二十四句是写张九龄的仕进履历；二十五到四十句是写张九龄的诗才文学；最后八句是写张九龄家居存殁，终之以哀吊。

第八章

命运之舟飘落湘江

劝说吴郎，孤妇打枣莫拦阻

唐代宗大历二年，杜甫开始在夔州住下来。夔州山川雄壮奇险，历史古迹层积，杜甫为之震撼，一连写下十首绝句，歌咏夔州的山川景色和人文景观，合为《夔州歌十绝句》：

(一)

中巴之东巴东山，江水开辟流其间。

白帝高为三峡镇，瞿塘险过百牢关。

(二)

白帝夔州各异城，蜀江楚峡混殊名。

英雄割据非天意，霸主并吞在物情。

(三)

群雄竞起问前朝，王者无外见今朝。

比讶渔阳结怨恨，元听舜日旧箫韶。

(四)

赤甲白盐俱刺天，闾阎缭绕接山巅。

枫林橘树丹青合，复道重楼锦绣悬。

（五）

瀼东瀼西一万家，江北江南春冬花。

背飞鹤子遗琼蕊，相趁凫雏入蒋牙。

（六）

东屯稻畦一百顷，北有涧水通青苗。

晴浴狎鸥分处处，雨随神女下朝朝。

（七）

蜀麻吴盐自古通，万斛之舟行若风。

长年三老长歌里，白昼摊钱高浪中。

（八）

忆昔咸阳都市合，山水之图张卖时。

巫峡曾经宝屏见，楚宫犹对碧峰疑。

（九）

武侯祠堂不可忘，中有松柏参天长。

干戈满地客愁破，云日如火炎天凉。

（十）

阆风玄圃与蓬壶，中有高堂天下无。

借问夔州压何处，峡门江腹拥城隅。

第一首，点明夔州地点，突出夔州形胜，统领全篇。

第二首，承第一首中所写的夔州山高水险。

第三首，写政治上的兴衰成败。

第四、五、六首，转写夔州风景优美。

第七首，写夔州物产丰富，水路方便。

第八首，记楚王宫，并插入诗人的遐想。

第九首，特记武侯祠。

第十首，总结全篇，并照应第一首。

在夔州，流传着吴郎插篱，孤妇打枣的小故事。这个小故事就发生在杜甫的庭院里。

杜甫在夔州有两处住宅：一处是靠近市区的瀼西草堂，另一处是在东屯农庄的茅屋。平时，他居住在瀼西草堂。这里不但有悠远的文化，优美的景致，草堂前还有几棵高大粗壮的枣树。秋天一到，又红又甜的大枣儿挂满枝头，惹人喜爱，成为瀼西草堂一道别致的风景。杜甫的西邻住着一个无儿无女、孤苦伶仃的老婆婆。枣儿成熟的季节，老婆婆常常挎着小小的竹篮子，拿着长长的竹竿过来打枣。杜甫不但不阻止，还亲自上树帮助老婆婆往下摇，在树下弯腰为老婆婆捡拾。老婆婆很是感动，逢人便说大诗人杜甫没有一点架子。

杜甫在东屯的茅屋附近，有一百顷田地。为了更好地管理田园，唐代宗大历二年，杜甫搬到了位于白帝城东十余里的东屯。搬家后，杜甫将瀼西草堂借让给亲朋吴郎居住。

吴郎即吴南卿，是来自忠州的一位司法，也就是军事参谋。吴郎是杜甫的晚辈姻亲，暂住夔州，与杜甫关系很好。杜甫曾经给吴郎写过一首《简吴郎司法》：

有客乘舸自忠州，遣骑安置瀼西头。

古堂本买藉疏豁，借汝迁居停宴游。

云石荧荧高叶曙，风江飒飒乱帆秋。

却为姻娅过逢地，许坐曾轩数散愁。

"简"即信件。《简吴郎司法》是杜甫用诗歌的形式给吴南卿写的一封信。内容大致为：有客人乘船从忠州来，派人骑马把客人安置在瀼西草堂。草堂本来是用来休闲消遣的，现在借你搬迁居住，我停止了宴会出游。云石之间，光彩闪动，高叶当曙；江风飒飒，乱帆涌动，秋色肃森。草堂现在已成了和姻亲往来的地方，可允许我闲坐散愁吗？

这吴郎搬来之后，就在草堂周边插上了篱笆，禁止外人打枣，闲游。老婆婆见到杜甫后，就向他诉苦说：自打你走了之后，新来的吴郎不让我打枣儿了，今年秋天，我一个枣儿也没吃到呢！见到老婆婆可怜兮兮的样子，杜甫万分同情，于是写下了一首诗劝告吴郎：

堂前扑枣任西邻，无食无儿一妇人。

不为困穷宁有此？只缘恐惧转须亲。

即防远客虽多事，便插疏篱却甚真。

已诉征求贫到骨，正思戎马泪盈巾。

这首诗的名字叫《又呈吴郎》，因以前杜甫写过一首《简吴郎司法》，所以此诗题为《又呈吴郎》。吴郎的辈分要比杜甫小，杜甫不说"又简吴郎"，而有意地用了"呈"这个似乎和对方身份不大相称的敬词。呈，尊敬的说法，让吴郎易于接受。

这首诗，记述的是吴郎到来前后的事情。诗的大概意思是，过去她来这里打枣，我从不阻拦，因为她是一个无食无儿的老妇人。若不是由于穷困怎会做这样的事？正因她心存恐惧反更应该与她亲近一点。见你来她就防着你，虽然是多此一举，但你一来，就插上篱笆却甚像是真。她说官府征租逼税已经一贫如洗，想起时局兵荒马乱不禁涕泪满巾。道出了官府横征暴敛和战乱给人民造成的深重灾难和极度贫困，

写这首诗时，杜甫已经56岁了。杜甫通过劝说吴郎让老婆婆打枣的描述，表现了作者对贫苦百姓的深切同情和关爱。全诗如话家常，语气恳切，朴实动人，诗人用自己的实际行动来启发对方，运用散文中常用的虚字来作转接，在委婉曲折的夹叙夹议中来展现诗人的心理和品质，表达了杜甫对穷困人民的深切同情。

诗的艺术表现方面也很有特点。首先是现身说法，用诗人自己的实际行动来启发对方，用颠扑不破的道理来点醒对方，最后还用诗人自己的眼泪来感动对方，尽可能地避免抽象的说教，措词委婉，入情入理。其次是，运用散文中常用的虚字来作转接。像"不为""只缘""已诉""正思"，以及"即""便""虽""却"等，因而能化呆板为活泼，使作品既有律诗的形式美、音乐美，又有散文的灵活性，抑扬顿挫，耐人寻味，别具一种活泼、疏散之美。

寓居夔州，翘首北望记长安

从唐代宗大历二年起，杜甫寓居夔州长达一年零九个月。

夔州位于长江上游，雄踞瞿塘峡口，山川雄壮奇险，历史古迹层积，水上交通繁忙，常有客货商船往来其中。历代文人墨客都在这里留下了不朽的诗篇。

在夔州寓居期间，杜甫创作了430多首诗，约占现存杜诗的三分之一。夔州的一草一木，都极大地调动和激发了杜甫的诗情。

夔州素有"诗城"的美誉。"诗仙"李白的"朝辞白帝彩云间，千里江陵一日还"，描绘出奉节县城特有的诗情画意。任过夔州刺史的刘禹锡在这里创作了大量的《竹枝词》，名句很多，广为传诵。还有苏轼、王十朋、范成大、陆游、黄庭坚、王世祯等名人雅士，都在这里留下了脍炙人口的好诗。

在孤城夔州，杜甫常常从落日的黄昏坐到深夜。他翘首北望，长夜不寐，一颗心总是牵挂着长安。《诸将五首》就是杜甫这个时期的代表作品之一：

其一：

汉朝陵墓对南山，胡虏千秋尚入关。

昨日玉鱼蒙葬地，早时金碗出人间。

见愁汗马西戎逼，曾闪朱旗北斗殷。

多少材官守泾渭，将军且莫破愁颜。

其二：

韩公本意筑三城，拟绝天骄拔汉旌。

岂谓尽烦回纥马，翻然远救朔方兵。

胡来不觉潼关隘，龙起犹闻晋水清。

独使至尊忧社稷，诸君何以答升平。

其三：

洛阳宫殿化为烽，休道秦关百二重。

沧海未全归禹贡，蓟门何处尽尧封。

朝廷衮职虽多预，天下军储不自供。

稍喜临边王相国，肯销金甲事春农。

其四：

回首扶桑铜柱标，冥冥氛祲未全销。

越裳翡翠无消息，南海明珠久寂寥。

殊锡曾为大司马，总戎皆插侍中貂。

炎风朔雪天王地，只在忠臣翊圣朝。

其五：

锦江春色逐人来，巫峡清秋万壑哀。

正忆往时严仆射，共迎中使望乡台。

主恩前后三持节，军令分明数举杯。

西蜀地形天下险，安危须仗出群材。

时安史之乱虽已平定，但边患却未根除，诗人痛感朝廷将帅平庸无能，故作诗以讽，反映了当时的社会情境。

《诸将五首》的内容，主要是以安史之乱以来的军政大事为中心展开议论，表现了诗人对国家安危，民生疾苦的深切关怀和忧虑。他极度希望君主明智有为，文臣武将用得其人，语言慷慨蕴藉，诲人良多。因每首都与诸将有关，故以"诸将"为题，实则笔锋指向当时皇帝，体现了杜诗沉郁顿挫的风格。

第一首和第二首写吐蕃侵犯长安，发掘陵墓及借助回纥平定吐蕃，而回纥、吐蕃又连兵入寇，告诫诸将不应安享尊荣，放弃职守。

第一首中的"汉朝陵墓对南山"，是说汉朝皇帝的陵及其大臣的墓，与终南山相对。长安在终南山之南，是汉高祖建都之地，有险固可守，又在内地，是京都和陵墓所在之处，不容侵犯的意思。然而，在东汉覆亡之际，陵墓却被发掘。

"胡虏千秋尚入关"一句紧接上句，好像也是说的汉朝。但"千秋"是指汉朝陵墓被发掘的千年之后，则早已是唐朝了。胡虏，指吐蕃、回纥等。关，指萧关，唐时萧关在甘肃固原县北。"尚"，又。这句是说：不料在千年之后，吐蕃纠合吐谷浑、党项等族侵入萧关，攻入长安，陵墓同样被发掘。

"昨日玉鱼蒙葬地，早时金碗出人间"这一联，写陵墓被发掘的情况。

昨日、早时，写陵墓被发掘得快、景象之惨。玉鱼、金碗均为皇家用以陪葬的宝物。唐代宗宝应二年（763年），吐蕃等攻入长安，烧毁房屋、残害百姓、发掘陵墓、无恶不作。只是有些事情，杜甫不好直说，不忍直说，所以写得含蓄曲折。

"见愁汗马西戎逼，曾闪朱旗北斗殷"这一联，写吐蕃不断入侵。继吐蕃纠合红谷等族入侵长安后，代宗逃往陕州（今河南省三门峡市境内）。这一句是说，见吐蕃等的入侵而发愁。敌人声势浩大，十分猖獗。他们朱旗闪动，照耀天空，好像北斗星也成为红色了。"殷"，即红色。

"多少材官司守泾渭，将军且莫破愁颜"这一联，"材官"指勇武有谋能征善战的将领，"泾渭"指长安西北泾渭二水流经之地，乃吐蕃入侵之路。"多少材官守泾渭"是说，守泾渭的将领也不算少，但良将少，加之寡不敌众，于是肃宗决定凭借郭子仪的威望，使之与回纥谈判，这是失策的做法。但杜甫未明指皇帝昏庸无能，只以"将军且莫破愁颜"一句，责怪诸将不能御敌，提醒他们不可忘忧失警。"且莫破愁颜"的"且"字，是暂且的意思，对诸将之腐化虽有讽刺之意，但笔锋是针对皇帝的。

第三首，叙述洛阳连遭安史乱军焚毁，后史部降将拥兵割据，诸将又不知屯田务农，自储军食。后两首则"道南中"及西蜀之事。

第四首，记叙南诏、吐蕃连结，南疆不靖，诸将但享爵禄，不图为国效忠。

第五首，则有感于蜀中将帅平庸，起兵作乱之迭起，因而追思严武镇蜀才略。

"锦江春色逐人来"一句是说，诗人离开成都草堂，虽然已入夏令，而"锦江春色"仿佛就在眼前。"巫峡清秋万壑哀"是说，诗人客寓成都时，曾入严武幕府。此时，距严武之死才过一年。时值秋季，诗人回忆成都旧游，不禁百感交集，顿觉"万壑"生"哀"，很自然地就触动了诗人对严武的深切悼念。

"正忆往时严仆射,共迎中使望乡台"二句,追忆在严武幕时,曾陪严武于望乡台"共迎中使"的往事。情景依然,谁知严武已成古人。严武死后,追赠尚书左仆射,因而称为"仆射"。"中使",宦官,皇帝所派宫中特使。

"主恩前后三持节,军令分明数举怀"接前两句,写了严武镇蜀业绩。上句写严武一任东川节度使,两任剑南节度使。"三持节"是对严武这一经历的最好概括。下句写严武的儒将风度。严武治军甚严,赏罚分明,但又好整以暇,多次与杜甫"举杯"饮酒,开怀赋诗,不愧兼擅文经武略。

"西蜀地形天下险,安危须仗出群材"二句是说,西蜀北有剑门,东有夔巫,"地形"号"天下""险"阻。严武坐镇其间,堪称李唐王朝最"须"倚"仗"的"出群"之"材"。末二句是对严武镇蜀整个历史过程的概括,也是对他文武全才的充分肯定。

邵云在《杜诗镜铨》中评价《诸将五首》时说,《秋兴八首》《诸将五首》同是少陵七律圣处。沈实高华,当让《秋兴八首》,深浑苍郁,定推《诸将五首》。有谓《诸将五首》不如《秋兴八首》者,乃少年耳食之见耳。

登高远眺，时世悲愁多感怅

唐代宗大历二年秋，时安史之乱虽然已经结束四年多了，但地方军阀又乘时而起，相互争夺地盘。无奈之下，杜甫流落到夔州。在夔州，他得到当地都督的照顾，杜甫一住就是三年。在这三年时间里，他的生活依然很困苦，身体每况愈下。

有一天，天气晴好，杜甫独自登上夔州白帝城外的高台，举目远眺，百感交集。登高所见，激起意中所触，萧瑟的秋江景色，引发了他身世飘零的感慨，渗入了他老病孤愁的悲哀。在这种情形之下，杜甫提笔写就《登高》这首旷世之作：

风急天高猿啸哀，渚清沙白鸟飞回。

无边落木萧萧下，不尽长江滚滚来。

万里悲秋常作客，百年多病独登台。

艰难苦恨繁霜鬓，潦倒新停浊酒杯。

这首诗，是杜甫在夔州时所写，当时他已经 56 岁了，还经常卧病。夔州在长江之滨。全诗通过登高所见秋江景色，倾诉了诗人长年漂泊、老病孤愁的复杂感情，慷慨激越，动人心弦。

诗词的大意是，天高风急声声猿叫凄切悲凉，清澈的水中群鸥嬉戏来回盘旋。无穷无尽的树叶纷纷飘落，长江一浪接着一浪滚滚而来，奔腾不息。漂泊在悲凉的秋色中深深叹息，暮年多病的我独自登上高台。憾恨鬓发日益斑白，病后困顿潦倒停酒伤怀。

这是一首最能代表杜诗中景象苍凉阔大、气势浑涵汪茫的七言律诗。前两联写登高闻见之景，后两联抒登高感触之情。由情选景，寓情于景，浑然一体，充分表达了诗人长年漂泊、忧国伤时、老病孤愁的复杂感情。而格调却雄壮高爽，慷慨激越，高浑一气，古今独步。

这首律诗很特别，其四联句句押韵，皆为工对，且首联两句，又句中自对，可谓"一篇之中，句句皆律，一句之中，字字皆律"。就写景而言，有工笔细描之妙，写出了风、天、猿、渚、沙、鸟六种景物的形、声、色、态。每件景物，均只用一字描写，却生动形象，精练传神；又大笔写意，传达出秋的神韵。抒情则有纵的时间的着笔，写"常做客"的追忆；也有横的空间的落墨，写"万里"行程后的"独登台"。从一生漂泊，写到余魂残骨的飘零，最后将时世艰难归结为潦倒不堪的根源。

这种错综复杂手法的运用，把诗人忧国伤时，老病孤愁的苍凉，表现得沉郁而悲壮。

"无边落木萧萧下，不尽长江滚滚来"一句，更是脍炙人口，千古流传。

农历九月初九，是我国传统的重阳节。重阳登高，自古已然。大历二年九九重阳日，杜甫在夔州登高，写了一首《九日》：

> 重阳独酌杯中酒，抱病起登江上台。
>
> 竹叶于人既无分，菊花从此不须开。
>
> 殊方日落玄猿哭，旧国霜前白雁来。

弟妹萧条各何在，干戈衰谢两相催。

"玄猿"，就是黑色的猿。他乡日暮，一声声黑猿的啼鸣，凄清哀怨，诗人漂泊异地，思乡情浓，难免泪下沾襟。"白雁"，就是南来的大雁。霜天秋晚，白雁南来，更容易触发诗人思亲怀乡的感情。用他乡和故园的物候做对照，自然地透露了诗人内心的隐秘：乡愁撩人啊！

这首诗的大意是：一年一度的重阳佳节到来，客居夔州的我，抱病登台，独酌杯酒，欣赏江边的秋景。我因年迈多病，已与竹叶青酒无缘分了。菊花啊，从此你们再也不必绽放了，纵然绽放，我也无心观赏你们。在这遥远的异地，日落时分，一声声黑猿的哀啼传来，令人悲伤不已。那来自故园的白雁在异乡的霜天低回盘旋，更触发我心中的思亲怀乡之情。在这烽火岁月，我可怜的弟妹啊，飘零寥落，音信全无，不知下落。无情的战争、流逝的岁月，它们不停地催我衰老。首联表现了诗人浓烈的生活情趣。诗人在客中，重阳到来，一时兴致勃发，抱病登台，独酌杯酒，欣赏金秋佳色。诗人酷好饮酒、热爱生活的情态，便在诗行中活现。

颔联诗笔顿转。重九饮酒赏菊，本是古代高士的传统。可是，诗人因病戒酒，虽"抱病"登台，却"无分"饮酒，遂也无心赏菊。于是，诗人向菊花发号施令起来："菊花从此不须开"这一带着较强烈主观情绪的诗句，妙趣神来，好像有些任性，恰好证明诗人既喜饮酒，又爱赏菊。而诗人的任性使气，显然是他艰难困苦的生活遭遇使然。这一联，诗人巧妙地使用借对，借"竹叶青"酒的"竹叶"二字与"菊花"相对，萧散不为绳墨所窘，被称为杜甫律诗的创作风格。菊花虽是实景，"竹叶"却非真物。然而，由于字面工整贴切，特别显得新鲜别致，全联遂成为历来传诵的名句。

颈联进一步写诗人瞩目遐思，因景伤情，牵动了万千愁绪。诗人独身漂泊异地，日落时分听到一声声黑猿的啼哭，不免泪下沾裳。霜天秋晚，白雁南来，更容易触发诗人思亲怀乡的感情。诗中用他乡和故园的物候做对照，很自然地透露了诗人内心的隐秘：原来他对酒停杯，对花辍赏，并不只是由于病肺，更是因为乡愁撩人。

尾联以佳节思亲作结，遥怜弟妹，寄托飘零寥落之感。上句由雁来想起了弟妹音信茫然；下句哀叹自己身遭战乱，衰老多病。诗人一边诅咒"干戈"像逼命似的接连发生，一边惋惜岁月不停地催人走向死亡，对造成生活悲剧的根源——"干戈"，发泄出更多的不满情绪。这正是诗人伤时忧国的思想感情的直接流露。

这首诗由因病戒酒，对花发慨，黑猿哀啼，白雁南来，引出思念故乡，忆想弟妹的情怀，进而表现遭逢战乱，衰老催人的感伤。结尾将诗的主题升华，正所谓"杜陵有句皆忧国"。此诗全篇皆对，语言自然流转，苍劲有力，既有气势，更见性情。句句讲诗律却不着痕迹，写景叙事处处暗含忧思。笔端蓄聚感情，主人公呼之欲出，颇能显示出杜甫夔州时期七律诗的悲壮风格。

观叹剑舞，抚今追昔忆往事

　　杜甫6岁的时候，曾随家人寄居郾城（今河南省漯河市境内）。那时，当地流行一种舞蹈，叫浑脱舞，后演变为剑器浑脱。舞者穿着锦绣的舞衣，手持剑器，伴着优美的乐曲，翩翩起舞。当时,6岁的杜甫，在郾城有幸看到了著名舞蹈家公孙大娘的剑器浑脱舞表演。当年的公孙娘子，锦衣玉貌，矫若游龙，一曲剑器，挥洒出大唐盛世万千气象。以至于杜甫到了晚年依然记忆犹新，回味无穷。

　　公孙大娘是开元盛世时的唐宫的第一舞人。尤其她善舞剑器，舞姿惊动天下，以舞《剑器》而闻名于世。她在民间献艺时，观者如山。她应邀到宫廷表演，无人能比。她的《剑器》舞风靡一时。她在继承传统剑舞的基础上，创造了多种《剑器》舞，如《西河剑器》《剑器浑脱》等。世事浮云，以公孙娘子盛唐第一的技艺，最终结局却是流落江湖，寂寞而终。

　　然而，她的盖世技艺，与中国历史上的两座文化高峰联系在一起。正是因为她，我们才有幸看到了草圣张旭的一卷绝妙丹青，才有幸读到了诗圣杜甫的一首慷慨悲凉的《剑器行》，就连画圣吴道子也曾通过观赏公孙大娘舞剑，体会用笔之道。成就三圣之道，这位绝代佳人功不可没。

　　唐代宗大历二年秋,56岁的杜甫偶然看到一场精彩的女子舞剑表演。

原来，这个女子就是当年公孙大娘的弟子李十二娘。杜甫不由得一阵感叹，写了一首《观公孙大娘弟子舞剑器行》：

序：大历二年十月十九日，夔府别驾元持宅，见临颍李十二娘舞剑器，壮其蔚跂，问其所师，曰："余公孙大娘弟子也。"开元五载，余尚童稚，记于郾城观公孙氏，舞剑器浑脱，浏漓顿挫，独出冠时，自高头宜春梨园二伎坊内人泊外供奉，晓是舞者，圣文神武皇帝初，公孙一人而已。玉貌锦衣，况余白首，今兹弟子，亦匪盛颜。既辨其由来，知波澜莫二，抚事慷慨，聊为《剑器行》。昔者吴人张旭，善草书书帖，数常于邺县见公孙大娘舞西河剑器，自此草书长进，豪荡感激，即公孙可知矣。

昔有佳人公孙氏，一舞剑器动四方。
观者如山色沮丧，天地为之久低昂。
爥如羿射九日落，矫如群帝骖龙翔。
来如雷霆收震怒，罢如江海凝清光。
绛唇珠袖两寂寞，晚有弟子传芬芳。
临颍美人在白帝，妙舞此曲神扬扬。
与余问答既有以，感时抚事增惋伤。
先帝侍女八千人，公孙剑器初第一。
五十年间似反掌，风尘澒洞昏王室。
梨园弟子散如烟，女乐余姿映寒日。
金粟堆南木已拱，瞿唐石城草萧瑟。
玳筵急管曲复终，乐极哀来月东出。
老夫不知其所往，足茧荒山转愁疾。

诗序的大概意思是：唐大历二年十月十九日，我在夔府别驾元持家里，观看临颍李十二娘跳剑器舞，觉得舞姿矫健多变非常壮观，就问她是向谁学习的？她说："我是公孙大娘的学生"。玄宗开元五年，我还年幼，记得在郾城看过公孙大娘跳《剑器》和《浑脱》舞，流畅飘逸而且节奏明朗，超群出众，当代第一，从皇宫内的宜春、梨园弟子到宫外供奉的舞女中，懂得此舞的，在唐玄宗初年，只有公孙大娘一人而已。当年她服饰华美，容貌漂亮，如今我已是白首老翁，眼前她的弟子李十二娘，也已经不是年轻女子了。既然知道了她舞技的渊源，看来她们师徒的舞技一脉相承，所以写了《剑器行》这首诗。听说过去吴州人张旭，他擅长书写草书字帖，在邺县经常观看公孙大娘跳一种《西河剑器》舞，从此草书书法大有长进，豪放激扬，放荡不羁，由此可知公孙大娘舞技之高超了。

诗序写得像散文诗一样，旨在说明目睹李十二娘舞姿，并闻其先师，触景生情，忆起童年观看公孙大娘之剑舞，赞叹其舞技高超，并以张旭见舞而书艺大有长进之故事做点缀。全诗气势雄浑，沉郁悲壮。见《剑器》而伤往事，抚事慷慨，大有时序不同，人事蹉跎之感。诗以咏李氏，而思公孙；咏公孙而思先帝，寄托作者念念不忘先帝盛世，慨叹当今衰落之情。语言富丽而不浮艳，音节顿挫而多变。

这首诗是说：从前有个漂亮女人，名叫公孙大娘，每当她跳起剑舞来，就要轰动四方。观看人群多如山，心惊魄动脸变色，天地也被她的舞姿感染，起伏震荡。剑光璀灿夺目，有如后羿射落九日，舞姿矫健敏捷，恰似天神驾龙飞翔，起舞时剑势如雷霆万钧，令人屏息，收舞时平静，好像江海凝聚的波光。鲜红的嘴唇绰约的舞姿，都已逝去，到了晚年，有弟子把艺术继承发扬。临颍美人李十二娘，在白帝城表演，她和此曲起舞，精妙无比神采飞扬。她和我谈论好久，关于剑舞的来由，更增添无限惋惜、哀伤。当年玄宗皇上的侍女，约有八千人，剑器舞姿数第一的，只有公孙大娘。五十年的光阴，真好比翻一下手掌，连年战乱烽烟弥漫，朝政昏暗无常。那些梨园子弟，一个个地烟消云散，只留李氏的舞姿，掩映冬日的寒光。金粟山玄宗墓前的树木，已经合抱，瞿塘峡白帝城一带，秋草萧瑟荒凉。玳弦琴瑟急促的乐曲，又一曲终了，明月初出乐极生悲，我心中惶惶。我这老夫，真不知哪里是我要去的地方，荒山里迈步艰难，越走就越觉凄凉。

杜甫以神来之笔，通过一连串激动人心的比拟，描绘了公孙大娘舞剑器时青山低头、风云变色、矫如龙翔、光曜九日的逼人气势。

56 岁的杜甫抚今追昔，饱经忧患，却仍滞留异乡，人世蹉跎，不由感慨万千。诗中借几十年前观看著名舞蹈家公孙大娘舞剑器的回忆，寄托自己念念不忘先帝盛世，慨叹当今衰落之情。语言富丽而不浮艳，音节顿挫而多变。既有"浏漓顿挫"的气势节奏，又有"豪荡感激"的感人力量，是七言歌行中沉郁悲壮的杰作。

老病孤舟，依然牵挂国家事

中国有句古语，叫"落叶归根"。到了唐代宗大历二年，杜甫特别想回到中原，回到故乡去。他的弟弟杜观也经常写信给他，劝他回来。于是杜甫决定离开川蜀，奔赴荆楚。

大历三年（768 年）正月，杜甫把苦心经营一年多的瀼西草屋，连同田园一并赠予朋友南卿兄。然后，杜甫携妻儿离开夔州。一家人从白帝城出发，出三峡，前往江陵。

江陵又名荆州城，位于湖北省中部偏南，地处长江中游，江汉平原西部。南临长江，北依汉水，西控巴蜀，南通湘粤，古称"七省通衢"，是中国古代长江中游政治、经济中心。前身为楚国国都"郢"，是荆楚名都。

杜甫计划在荆州城逗留几个月，然后再决定北上长安还是沿江东下。

荆州城有他的从弟杜为，时任节度使署行军司马；朋友卫伯玉，时任荆南节度使，杜甫在夔州时曾写诗赞扬他；朋友郑审，时任江陵少尹，杜甫与其哥哥郑虔交往甚好……在荆州，杜甫本想能够得到这些人的帮助，但残酷的现实让他失望了，就连亲弟弟都指望不上。于是，杜甫深感世态炎凉，人情冷漠。

杜甫一家离开夔州，沿着瞿塘峡顺江东下，先到当阳（今当阳育溪镇杜甫沟），曾与弟弟杜观见过一面。久别重逢，兄弟二人自然很高兴，但不久就分开了，相约在江陵相见。阳春三月，春暖花开，杜甫如约来到江陵，可弟弟杜观却没有来，杜甫失望至极。

初来乍到，杜甫在江陵举目无亲，自己又年迈多病，亲朋尽疏，真是步步维艰。但他依然不断写诗，依然关心人民疾苦。

在江陵，杜甫有一位姓马的朋友，出于忠孝之门，文武双全，即将入朝拜见天子。虽然他对杜甫没什么帮助，但在他临行前，杜甫还是写了《暮春江陵送马大卿公恩命追赴阙下》一诗相赠：

> 自古求忠孝，名家信有之。吾贤富才术，此道未磷缁。
>
> 玉府标孤映，霜蹄去不疑。激扬音韵彻，籍甚众多推。
>
> 潘陆应同调，孙吴亦异时。北辰征事业，南纪赴恩私。
>
> 卿月升金掌，王春度玉墀。薰风行应律，湛露即歌诗。
>
> 天意高难问，人情老易悲。樽前江汉阔，后会且深期。

诗中的公、卿为称谓复叠。在这首诗中，杜甫首先夸马卿出于忠孝之门。然后赞扬马卿文武兼优，道术过人。结尾叙述送别之情。

自怜贫老凄凉，既有惜别之情，亦有自伤之意，诗情沉郁悲凉。其"天意高难问，人情老易悲"一联，最令人感伤。说天意固然难晓，但人间又无可倾诉，仅得马卿一人，而今又要别离，其中的悲情可想而知。真是不能不问苍天而悲老。

杜甫来到荆州城时，商州（今陕西省商县）兵马使刘洽杀死御史殷仲卿叛乱，商州大地陷入一片混乱局面，道路不通，民不聊生，到了八月，吐蕃进攻凤翔，危及长安，杜甫的北归计划彻底落空。

如今，他与姑姑一家及弟弟杜丰也都失去了联系，生死两茫茫，也不能盲目投奔过去，因此只好暂时留在江陵。

逗留江陵期间，杜甫的身体越来越差，牙齿快掉没了，耳朵也几乎失聪。与人谈话，需对方写在纸上，而且右手臂肌肉萎缩，写字很困难。如果需要写字，往往由儿子代书。右臂偏枯半耳聋，这对诗人杜甫来说，是多么残酷的折磨啊！

身体的衰老，官吏的冷漠，让杜甫倍感凄楚、失落，他在《秋日荆南抒怀三十韵》里这样写道：

昔承推奖分，愧匪挺生材。迟暮宫臣忝，艰危衮职陪。
扬镳随日驭，折槛出云台。罪戾宽犹活，干戈塞未开。
星霜玄鸟变，身世白驹催。伏枕因超忽，扁舟任往来。
九钻巴噀火，三蛰楚祠雷。望帝传应实，昭王问不回。
蛟螭深作横，豺虎乱雄猜。素业行已矣，浮名安在哉。
琴乌曲怨愤，庭鹤舞摧颓。秋雨漫湘水，阴风过岭梅。
苦摇求食尾，常曝报恩腮。结舌防谗柄，探肠有祸胎。
苍茫步兵哭，展转仲宣哀。饥籍家家米，愁征处处杯。
休为贫士叹，任受众人咍。得丧初难识，荣枯划易该。
差池分组冕，合沓起蒿莱。不必伊周地，皆知屈宋才。
汉庭和异域，晋史坼中台。霸业寻常体，忠臣忌讳灾。
群公纷戮力，圣虑窅裴回。数见铭钟鼎，真宜法斗魁。
愿闻锋镝铸，莫使栋梁摧。盘石圭多翦，凶门毂少推。
垂旒资穆穆，祝网但恢恢。赤雀翻然至，黄龙讵假媒。
贤非梦傅野，隐类凿颜坏。自古江湖客，冥心若死灰。

《秋日荆南抒怀三十韵》一诗，让杜甫内心的苦闷与忧伤一展无余。

一个忧国忧民的伟大诗人，如今沦落到这样的境地，用诗人自己的话说：
"我行何到此，物理直南齐。"

到了晚秋，杜甫的身体状况和处境一天不如一天，不得不离开荆州，迁往江陵以南的公安县。不久，公安县发生叛乱，杜甫再度迁移，前往岳州（今河南省岳阳市境内）。这时，杜甫已经57岁。

暮冬腊月，杜甫泊舟岳阳城下，登楼远眺，触景生情，写下了流传千古的《登岳阳楼》：

> 昔闻洞庭水，今上岳阳楼。吴楚东南坼，乾坤日夜浮。
>
> 亲朋无一字，老病有孤舟。戎马关山北，凭轩涕泗流。

杜甫在诗中说：他很早就听过名扬海内的洞庭湖，今日有幸登上湖边的岳阳楼。洞庭湖把我国东南之地划分为吴、楚两部分，日月全映在湖面上。漂泊江湖上，亲戚、朋友、故旧不寄一封信，年老多病的我，只有孤零零的一只船伴随。关山以北战争烽火仍未停息，倚窗遥望，胸怀国家涕泪交流。

"亲朋无一字，老病有孤舟。"在当时颠沛漂泊的背景下，可以想象杜甫的心境有多么悲凉。然而，"老病孤舟"的杜甫，写出的诗句仍然气势磅礴："吴楚东南坼，乾坤日夜浮。"诗人写尽了洞庭湖的雄浑壮阔。同时，"老病孤舟"的杜甫，依然在牵挂国家的安危、百姓的安定："戎马关山北，凭轩涕泗流。"由此可以看出诗人的博大胸襟。

伏枕书怀，飘零湘江一叶舟

唐代宗大历四年（769年）三月,58岁的杜甫带着一家人来到了潭州（今湖南省长沙市），游览了岳麓（今麓山寺）、道林两座寺庙。然后准备前往衡州（今湖南省衡阳市），去投奔好友韦之晋。

当杜甫到达衡州时，韦之晋已调到潭州当刺史。于是，杜甫又匆忙转回潭州。不料，当年四月，韦之晋在潭州病逝。杜甫投奔韦之晋的一线希望破灭后，已是走投无路了。万里江山，竟没有一寸他的立足之地。一家人只好住进一艘停泊在潭州的小木船上，任风雨飘摇，吃了上顿没下顿，几乎濒临绝境。

万般无奈之下，杜甫在身边贫苦渔民的帮助下，带着十六岁的儿子宗武来到鱼市摆摊卖药，维持生计。

杜甫不仅会写诗，还通晓药理。早年，他还经常采药、配药，送给那些资助过他的朋友。也曾在长安城中卖过药，即所谓的"卖药都市，寄食友朋"。

寓居西蜀浣花草堂期间，杜甫耕耘南亩，种树培药，像一个农夫那样劳作。他在《秦州杂诗》二十首中，就有"晒药能无归，应门亦有儿"之语，可见当时连杜甫的妻子也参加过制药过程。他辛勤地灌溉培育着各种药草，同时也和以前在长安一样，不时派人将药送到城里，换取"药价"。那时，家里还留存一些贵重的中草药。没想到如今，这些中草药成了他的救命稻草。

中国有句古语，叫"久病成医"。杜甫体弱多病，关于什么病用什么药，他已经十分精通。所以，他在鱼市卖药卖得得心应手，所得微薄收入，用来买米买盐，可暂缓燃眉之急。但家里毕竟没有那么多留存的药物。

漂泊在潭州渔船上，杜甫深入到劳苦大众之中，亲眼目睹了渔民被繁重的税赋压得喘不过气来。他深深感叹"谁能扣君门，下令减征赋"。

在鱼市卖药，杜甫结识了一位新朋友，名叫苏涣。苏涣为人豪爽，仗义，直言不讳，二人一见如故，结为莫逆之交。苏涣少年时，狂放任侠，后折节读书。唐代宗广德二年（764年）得中进士。杜甫对苏涣《变律》诗十分赞赏，称"其文意长于讽刺，亦有陈拾遗一鳞半甲"。杜甫还写了一首《苏大侍御访江浦，赋八韵记异》诗，记载他与苏涣的交往。

　　序：苏大侍御涣，静者也，旅于江侧，凡是不交州府之客，人事都绝久矣。肩舆江浦，忽访老夫舟楫，已而茶酒内，余请诵近诗，肯吟数首，才力素壮，辞句动人。接对明月日，忆其涌思雷出，书箧几杖之外殷殷留金石声，赋八韵记异，亦见老夫倾倒于苏至矣。

　　庞公不浪出，苏氏今有之。再闻诵新作，突过黄初诗。
　　乾坤几反覆，扬马宜同时。今晨清镜中，胜食斋房芝。
　　余发喜却变，白间生黑丝。昨夜舟火灭，湘娥帘外悲。
　　百灵未敢散，风破寒江迟。

不可思议的是，当杜甫听到苏涣清新感人的诗句时，竟产生一种神奇的力量，让满头白发的杜甫，突然有了"白间生黑丝"的感觉，苏涣给杜甫带来了精神上的慰藉。

唐代宗大历五年（770年）春天，杜甫漂泊在湖南时，偶遇故友李龟年。李龟年是开元初年的著名歌手，常在贵族豪门歌唱。杜甫少年时才华卓著，常出入于岐王李范和秘书监崔涤的门庭，得以欣赏李龟年的歌唱艺术。

他乡遇故知。几十年之后再次与李龟年重逢，触发了杜甫胸中郁积许久的沧桑之感。于是，他提笔写下了一首《江南逢李龟年》：

> 岐王宅里寻常见，崔九堂前几度闻。
>
> 正是江南好风景，落花时节又逢君。

《江南逢李龟年》是杜甫绝句中最有情韵、最富含蕴的一篇。全诗虽然只有二十八字，却包含着丰富的时代生活内容。诗中抚今思昔，世境的离乱，年华的盛衰，人情的聚散，彼此的凄凉流落，都浓缩在这短短的二十八字中。语言极平易，而含意极深远，包含着非常丰富的社会生活内容。那种昔盛今衰，构成了尖锐的对比，使读者感到诗情的深沉与凝重。诗的开首二句，是追忆昔日与李龟年的接触，寄寓诗人对开元初年鼎盛的眷怀；后两句是对国事凋零，艺人颠沛流离的感慨。

在陆地，杜甫没有安身之处，在水上更是难以立足。阳春四月天，湖南兵马使臧玠兵变，杀潭州刺史崔瓘，潭州城陷入混乱之中，老百姓四处逃难。月夜风高，可怜的杜甫带着妻儿摇着破旧的小木船，茫然地驶向远方……几度逃难，他看到了广大人民有的死于贼寇，有的死于官吏，有的死于饥荒，有的死于赋役，心中无比凄凉，就写了一首《逃难》：

> 五十头白翁，南北逃世难。疏布缠枯骨，奔走苦不暖。

已衰病方入，四海一涂炭。乾坤万里内，莫见容身畔。

妻孥复随我，回首共悲叹。故国莽丘墟，邻里各分散。

归路从此迷，涕尽湘江岸。

这首诗，道出了杜甫这么多年流亡生涯中不尽的辛酸与痛苦。

唐代宗大历五年（770年）萧瑟的暮秋时节，杜甫带着家人乘舟离开潭州，计划南下，投奔远在林州的做录事参军的舅舅崔伟。船经洞庭湖时，洪水暴涨，浊浪滔天，小船一直在水上漂流。到了寒冷的冬天，杜甫风痹病愈加严重了，已经不能站立行走。无论白天还是黑夜，他只能躺在潮湿的破船上对天长叹。他几乎拼尽最后一丝力气，完成了《风疾舟中，伏枕书怀三十六韵，奉呈湖南亲友》，这是他人生的最后一首诗作。

轩辕休制律，虞舜罢弹琴。尚错雄鸣管，犹伤半死心。

圣贤名古邈，羁旅病年侵。舟泊常依震，湖平早见参。

如闻马融笛，若倚仲宣襟。故国悲寒望，群云惨岁阴。

水乡霾白屋，枫岸叠青岑。郁郁冬炎瘴，濛濛雨滞淫。

鼓迎非祭鬼，弹落似鸮禽。兴尽才无闷，愁来遽不禁。

生涯相汨没，时物正萧森。疑惑樽中弩，淹留簪上冠。

牵裾惊魏帝，投阁为刘歆。狂走终奚适，微才谢所钦。

吾安藜不糁，汝贵玉为琛。乌几重重缚，鹑衣寸寸针。

哀伤同庾信，述作异陈琳。十暑岷山葛，三霜楚户砧。

叨陪锦帐坐，久放白头吟。反扑时难遇，忘机陆易沉。

应过数粒食，得近四知金。春草封归恨，源花费独寻。

转蓬忧悄悄，行药病涔涔。瘗天追潘岳，持危觅邓林。

蹉跎番学步，感激在知音。却假苏张舌，高夸周宋镡。

纳流迷浩汗，峻趾得歘鉴。城府开清旭，松筠起碧浔。

披颜争倩倩，逸足竞骎骎。朗鉴存愚直，皇天实照临。

公孙仍恃险，侯景未生擒。书信中原阔，干戈北斗深。

畏人千里井，问俗九俗箴。战血流依旧，军声动至今。

葛洪尸定解，许靖力难任。家事丹砂诀，无成涕作霖。

在这首长诗中，杜甫追溯了他平生的种种经历，向亲人诉说羁旅中遭受的贫困与疾病的折磨，无奈之下请求亲朋好友的援助。在生命的最后时日，向朋友托付妻儿……

"书信中原阔，干戈北斗深。""战血流依旧，军声动至今。"弥留之际，依然不忘国事，为天下苍生而感叹。

唐代宗大历五年（770年）初冬之夜，寒风萧萧，冷雨飘零。59岁的杜甫满头白发，面色蜡黄，骨瘦如柴，油尽灯枯。他闭着双眼，佝偻着身躯，蜷缩在那条破旧的潮湿的小木船里。贫困、疾病、饥饿，失意，把他折磨得奄奄一息。他已经好几天没有吃到东西了。在茫茫的夜色中，他断断续续地叹息着，呻吟着，仿佛一片凋零的枯叶，飘落湘江之上，随着冰冷的江水，漂向远方，漂向故乡，漂向天堂……